漢字の動物苑

鳥・虫・けものと季節のうつろい

円満字二郎

岩波書店

装画・挿画＝梅村有美・大片忠明・北原志乃
黒木　修・佐野裕彦・藪内正幸

章扉画＝大片忠明

まえがき

漢字は、今から三三〇〇年以上も前に、中国大陸で生み出された文字です。もっとも、何千何万という漢字が、いきなり同時に誕生したわけではありません。最初に作り出された漢字がどのようなものであったかはわかりませんが、世界の多くの古代文字と同様に、それが絵文字であったことは間違いないでしょう。つまり、三つの峰が連なる山のようすを描いた絵から「山」という漢字が生まれ、夜空に浮かぶ三日月の絵から「月」という漢字が生まれた、というわけです。

しかし、この世には絵として表現するのがむずかしいものごとも、たくさんあります。そこで古代中国の人々は、やがて既製の文字を組み合わせて新しい文字を作るという方法を編み出しました。現在、私たちが使っている漢字の多くは、この方法によって生み出されたものです。

そのため、絵文字から変化した漢字は、実はそう多くはありません。漢字の成り立ちにはいくつかの説が並び立っていることが多いので、正確な数字を示すことはむずかしいのですが、たとえば小学校で学習する約一〇〇〇文字の漢字に限っても、絵文字から生まれたと広く認められているのは、そのうちの二割程度ではないでしょうか。それらを〝漢字の元祖〟と呼んでもよいでしょう。

この〝漢字の元祖〟の中には、「馬」「鳥」「牛」「羊」「亀」のような、動物を表す漢字が少なからず含まれています。これらの動物は、漢字が生み出されたそもそもの最初のころから、当時の人々にとって身近な存在だったのでしょう。だからこそ、彼らはそれらを注意深く見つめてその姿を絵にし、それを文字として用い始めたのです。

そう考えると、漢字と動物とは浅からぬ縁で結ばれている、といえるでしょう。実際、動物の漢字の世界は、少し掘り下げてみると興味深い話題にあふれています。

たとえば、「象」という漢字は、その存在そのものによって、中国大陸では現在では見ることができない野生のゾウが、かつては生息していたことを教えてくれます（一一〇ページ）。また、「鵜《う》」は、日本語と中国語とでは表す動物が異なります。そうなった事情は、どのようなものだったのでしょうか（九一ページ）。「杜鵑《ほととぎす》」についてひもとくと悲しい伝説の世界が目の前に広がりますし（六七ページ）、「狼狽」の語源説には、とうていその実在が信じられない摩訶不思議なオオカミが登場します（二〇三ページ）。

動物の漢字にまつわるそういったお話を、一年の季節の移り変わりに従って次々に紹介していく。それが本書の目的です。ただ、実はひそかにたくらんでいる裏テーマもあって、動物の漢字をめぐるお話のついでに、知っておくと理解が深まる、漢字に関するさまざまな知識や考え方を、小出しにしながらお伝えしていきたいとも考えています。

とはいえ、私は動物について特別な知識を持ち合わせているわけではありません。そこで、それぞれの動物についての説明は、『広辞苑 第七版』(書籍版)に全面的に依存することにしました。岩波書店さんとイラストレーターさんのご厚意により、説明文の引用だけでなく、イラストの転載まで許可していただきました。漢字の話ばかり読まされて疲れてしまいがちなみなさんの目と頭を、存分に癒やしてくれることでしょう。

それでは、元日の朝、コケコッコーと鳴いて新年の夜明けを告げてくれるニワトリのお話から、始めることにいたしましょう。

＊本書は『図書』の連載「漢字の動物園 in 広辞苑」(二〇二一年一〇月号〜二〇二二年九月号、全一二回)に次の項目を加え、大幅加筆してまとめた。

Ⅰ　人のことばをしゃべるニワトリ／コウノトリのコウとは何か？／ウサギと似ていてまぎらわしい！／トラの毛皮の美しさ／インドのリュウと中国のリュウ／オシドリ夫婦の現実は？

Ⅱ　ネズミは余裕で勝利する／左右対称のウシの角

Ⅲ　カエルの指先の吸盤に注目！／カとボウフラの由来をめぐって

Ⅳ　オランウータンはお酒好き？／あいさつになったヘビ／カマキリは勇士のたとえ／カゲロウだとはわかっているけど……

Ⅵ　日本のイノシシ、中国のブタ／いわれたい放題？　のキツネ／日本のタヌキは三つに化ける／悲しく響くサルの鳴き声

目次

I

新年、縁起のいい動物たち

人のことばをしゃべるニワトリ

【鶏・雞】

一年は初日の出とともに始まります。日の出を告げる縁起のいい動物といえば、もちろんニワトリ。元日の朝一番に鳴くニワトリは、「初鶏《はつとり》」と呼ばれて俳句の世界では新年の季語になっています。

『広辞苑』によれば、ニワトリは「キジ目キジ科の鳥」で、「弥生時代に大陸からもたらされ、最も広く飼養された家禽」だとのこと。「品種は極めて多く、色彩・形態もさまざまだが、みな頭頂に鶏冠《とさか》がある」のが特徴です。

漢字での書き表し方としては、「鶏」のほかに「雞」も挙がっています。「鶏」はいわゆる「新字体」で、昔、正式とされていた「旧字体」では「鷄」と書くので、「雞」との違いは右半分だけ。「隹」は「ふるとり」と呼ばれる部首で、今から三〇〇〇年くらい前の中国で使われていた、「金文《きんぶん》(金石文《きんせきぶん》)」と呼ばれる漢字の祖先では図のような形をしていますから、鳥の絵から生まれた漢字であることは一目瞭然でしょう。

つまり、「鶏」と「雞」は、見た目は違いますが同じ漢字。日本でも、少し古い文章だと「雞」を見かけることもよくあります。ちなみに、「奚」は、音読みにすると「けい」。音読みとは古い中国語の発音が日本語風に変化したものなので、この漢字が生まれたころの中国語でもカ行音のような硬い響きで読まれていたと想像されます。そこで、「鶏」「雞」に含まれる「奚」は、ニワトリの鳴き声の擬音ではないかといわれています。

ニワトリは昔の中国の書物によく出て来るので、ニワトリにまつわる慣用句や故事成語はたくさんあります。ここではその中から、私が今回、『広辞苑』に教えてもらった「鶏《けい》窓《そう》」をご紹介しておきましょう。

おそらく四世紀の初めごろ、西晋《せいしん》王朝の時代。宋処宗《そうしょそう》という人物が一羽のニワトリを買い求め、書斎の窓に吊るしたかごに入れてかわいがっていました。すると、そのうちこのニワトリがしゃべり出し、役立つアドバイスまでくれるようになったのだとか。おかげで宋処宗は、仕事で大いに成功したということです。

これは、寺子屋などで漢文の教科書としてよく使われた、『蒙求《もうぎゅう》』という書物に載っているお話。ここから、「鶏窓」は「書斎の窓。また、書斎」を指すようになったそうです。それにしても、昔の教科書には不思議な話が載っていたものですね。

タカの大きさはどのくらい？

【鷹】

元日の夜に見る夢として、昔から縁起がよいとされているのが「一富士二鷹三茄子《なすび》」。この三つの取り合わせにどんな意味があるのかは知りませんが、『広辞苑』によれば、「駿河の国の諺で、一説に駿河の名物を言うという」のだそうです。

さて、ここで堂々二位に輝いているタカは、これまた『広辞苑』によれば、「昼行性猛禽類(タカ目とハヤブサ目の鳥)の鳥のうち、小・中形の一群の総称」。「嘴《くちばし》は強くて鋭く曲がり、脚には強い大きな鉤爪《かぎづめ》があ」るというその勇姿は、ハイタカの項目に収載されたイラストで確認することができます。

タカが「小・中形」であるのに対して、「大形のものはワシという」ともあります。思わず「へえー」と声を上げてしまいますが、そこでワシについて調べてみると、漢字での書き表し方は「鷲」で、「タカ目タカ科の鳥のうち、タカとの対比で大形のものの総称」。説明はきちんと照応しています。

とはいえ、『広辞苑』ではクマタカについて、「タカ目タカ科の鳥。大形で背面は暗褐色」と説明していますから、タカの中には比較的大きなものもいるようです。タカとワシの境界線は、そんなに厳密なものではないのでしょう。

ここで注意しておきたいのは、この区別はあくまで日本語の「たか」と「わし」についての話だということ。漢字の「鷹」や「鷲」はもともとは中国語ですから、この区別がそのまま当てはまるとは限りません。そこで漢和辞典を調べてみると、やはり比較的小さいものを「鷹」、比較的大きいものを「鷲」で表すとのこと。「たか＝鷹」と「わし＝鷲」の区別は、日中で無理なく対応していることがわかります。

さて、この「鷹」ですが、先のニワトリのところ(二ページ)で紹介した古代文字、金文では図のような形をしています。ここには「鳥」に当たる部分が見当たりませんよね。また、この漢字が胸を指して使われることもあるのも興味深いところで、その用法は、肉体を表す部首「月(にくづき)」を付け加えた「膺」という漢字となって、

現在まで受け継がれています。『広辞苑』にも、「心にとどめて忘れないこと」を意味する「服膺《ふくよう》」という熟語が載っていて、その説明の最初に「「膺」は胸の意」と注記がなされています。

つまり、漢字の「鷹」は、成り立ちの上では胸と関係が深いというわけ。そこで、「鷹」の成り立ちについて、タカ狩りのときに人間がタカを胸のところで抱き留めることから生まれたのではないか、という説を載せている漢和辞典もあります。

漢字とは太古の昔に発明されたものですから、成り立ちに関するすべての説は、いわば仮説にすぎません。ただ、この説に従えば、タカ狩りの習慣は漢字が生まれるよりも前から存在していたことになります。確かに、素朴な衣類だけを身にまとった太古の人類がタカ狩りをしているようすは、いかにも絵になりそうですよね。

だとすれば、「鷹」が表す鳥は、人間が胸で抱き留めることができる程度のサイズのはず。そういうイメージで解釈すると、「鷹＝たか」が比較的小形だというのも腑に落ちるのではないでしょうか。

ツルは天高く飛んでいく【鶴】

次に、タカと同じく縁起のいい鳥として、ツルを取り上げてみましょう。『広辞苑』を見ると、漢字での書き表し方はもちろん「鶴」。「ツル目ツル科の鳥の総称。古来長寿の動物として尊ばれた」とのこと。さらには「タンチョウを単にツルともいう」ともあります。そこでタンチョウについて『広辞苑』で調べると、漢字では「丹頂」。「大形で美しく、ツルの代表とされる」。とはいうものの、容姿が美しい鳥はたくさんいます。それらを差し置いて、ツルが長寿の鳥として特別に尊ばれるようになったのはどうしてでしょうか？

それはおそらく、中国では、不老不死の仙人と結びつけてツルがよく語られてきたからでしょう。たとえば、『列仙伝《れっせんでん》』という中国の古い書物には、紀元前六世紀の話として、仙人になった王子喬《おうしきょう》という人物が三十数年後に故郷に戻り、人々に別れのあいさつをしてツルに乗って去っていった、という伝説が書き残されています。

また、紀元後の五世紀ごろに書かれた『捜神後記《そうじんこうき》』には、仙術を修めた丁令威《ていれいい》という人

がツルとなって故郷に帰り、次のような歌をうたいながら昇天していったという話が、まことしやかに記録されています。

鳥有り 鳥有り 丁令威
家を去ること千年にして 今 始めて帰る

大意は、「鳥がいるよ、鳥がいるよ、丁令威だよ、家を出て千年後の今になってようやく帰ってきたよ」といったところ。つまり、ツルになった丁令威は、このとき、優に千歳は超えていたという次第。実際、いわゆる「鶴は千年」というイメージはもっと古くからあったようで、紀元前二世紀に作られた『淮南子《えなんじ》』という書物には、「鶴寿千歳《かくじゅせんざい》」という一節があります。

では、ツルはなぜ仙人と関係が深いのでしょうか？ その理由の一つは、ツルの外見にあるのでしょう。再び『広辞苑』のタンチョウの項目から引けば、「羽毛は主として純白色。頭上には裸出した赤色部があ」るというのが、その姿。毛が白くて頭のてっぺんははげていて、加えて、イラストでもわかるように脚があんなに細いのです。長寿のご老人を連想するのも、不思議ではありません。

ただ、私は、漢字の中にも、ツルを仙人と深く関係づける理由が隠されているのではないか、と思います。

「鷹」と同様、「鶴」も、古くは「鳥」を除いた「隺」だけでツルを表していました。「隺」は、「冖」と「隹」に分解できます。「隹」は、ニワトリのところ(二ページ)で説明したように、鳥を表す漢字。そこで、一世紀の終わりごろに書かれた『説文解字《せつもんかいじ》』という漢字の辞書では、「隺」について、「この上なく高い」という意味であり、「隹」が表している鳥が「冖」で示される枠を突き破って上昇していくようすを表す漢字だ、と説明しています。

ここからすると、古代中国の人々にとって、ツルとは特に天高く飛ぶ姿が印象に残る鳥だったのでしょう。それが、天界の鳥だというイメージを生み、仙人と結びつけて語られることになった……。私はそんなふうに想像しています。

時間を超越するカメ　【亀】

ツルが出たついでですから、カメについて見ておきましょう。例によって『広辞苑』を引くと、漢字では「亀」と書き、「カメ目の爬虫《はちゅう》類の総称」で、「体は背腹両面に甲羅があ」るというのはもちろんのこと。「鶴と共に長寿の動物としてめでたいものとされる」とあります。

漢字とカメといえば、真っ先に思い出されるのは「甲骨《こうこつ》文字」です。これは、ニワトリのところ(一一ページ)で説明した金文よりも、数百年古い古代文字。『広辞苑』でも、「亀甲・獣骨などに刻まれた中国最古の体系的文字」で、「占卜《ぼくせん》の記録を刻したもの」だと説明されています。占卜とは、簡単にいえば占いのこと。カメの甲羅や牛の骨などを火で炙り、そこに生じるひび割れの形から未来を占ったのだといわれています。

さて、カメを漢字で「亀」と書くのは、第二次世界大戦後の国語改革をきっかけとして定められた、いわゆる新字体です。それ以前に正式な漢字だとされていた旧字体では、

「龜」と書きます。手書きで書くのは尻込みしてしまうくらいに複雑な形をしていますが、カメの絵から生まれた漢字であることは容易に想像がつくでしょう。

甲骨文字の「亀」は図のような形で、これを反時計まわりに九〇度傾けると、現実のカメの姿に近づきます。甲骨文字が生み出されたのは中国の内陸部なので、このカメはリクガメ。『広辞苑』のリクガメの項目には残念ながらイラストが載っていないので、代わりにアオウミガメのところに載っているイラストをお目にかけておきましょう。前後のひれを手足に変えて、リクガメの姿をイメージしていただければ助かります。

ところで、古代の中国では占いの道具として使われたことから、カメには未来予測のイメージがまとわりつくことになりました。その一方で、中国思想の古典、『荘子』には、死んでから三〇〇〇年もの間、大切に祀られ続けているカメが出て来る話があります。それによると、ある国から総理大臣への就任を打診された荘子は、そのカメを引き合いに出して、「自分は死んであんなふうに大切にされるよりは、生きて泥水の中を自由にはいずり回っていたい」

といって、きっぱりと辞退したそうです。

ここからすると、カメには太古を思わせる生物だというイメージもあったのでしょう。『広辞苑』によればカメは「化石としてもよく発見される」そうですから、あるいは古代中国の人もカメの化石を発見して、太古を思わせるものとして珍重していたのかもしれません。

かたや未来の予測、かたや太古の生物。この二つのイメージを兼ね備えるカメは、時間を超越した存在だといえるでしょう。「鶴は千年、亀は万年」といわれるくらいにカメが長寿だとされるようになったのは、そのあたりに理由があるのではないでしょうか。

なお、カメは実際にかなり長生きするそうです。二〇一九年一〇月六日のＡＦＰ通信の報道によると、同月三日、ナイジェリアで推定年齢三四四歳のカメが亡くなったのだとか。もっともこの年齢には異論もあって、ＡＦＰ通信は、カメの平均寿命は一〇〇歳程度だ、という科学者の意見も伝えています。

コウノトリのコウとは何か？【鸛】

さて、話は戻って、ツルとよく似た鳥にコウノトリがいます。『広辞苑』によれば、コウノトリは、漢字で書けば「鸛」。「コウノトリ目コウノトリ科の鳥」で、その外見は「羽毛は大部分白色で、翼の大部分が黒色。脚は赤色」。「形態・大きさ共にタンチョウに似る」とあります。

この鳥に関してよく知られているのは、赤ちゃんを運んでくるという言い伝えでしょう。縁起のいい動物として取り上げる理由もそこにあるわけですが、これについては、『広辞苑』では「ヨーロッパには近縁のシュバシコウが分布し、赤ん坊を運んでくる鳥とされる」と説明されています。

つまり、子宝の象徴としてのコウノトリは、「日本ではいったん野生個体が絶滅したが、飼育個体が放鳥され、野生復帰」しているコウノトリとは、厳密にいえば別の鳥。ただ、それよりも私がこの部分を読んで気になったのは、「シュバシコウ」とは漢字ではどう書

くのか、ということでした。
そこで、ものの本で調べてみると、その答えは「朱嘴鸛」。「嘴」はくちばしを表す漢字ですから、ヨーロッパのコウノトリはくちばしが朱色なのでしょう。そう思って『広辞苑』のコウノトリの項目に戻ってイラストをよく見ると、日本のコウノトリのくちばしは確かに暗い色に塗られています。

私がここで発見したのは、「鸛」という漢字を「こう」とだけ読んで使うことがあるということ。そこで『広辞苑』の中を探検してみると、「鸛」一文字を「こう」と読ませる項目があって、「コウノトリのこと」だという説明。さらには、ナベコウ、ハゲコウといったコウノトリ科の鳥も載っていて、漢字での書き表し方は、それぞれ「鍋鸛」「禿鸛」となっています。

ところが、漢和辞典では、「鸛」の読み方としては、音読み「かん」と訓読み「こうのとり」だけを掲げるのがふつうで、「こう」は載せていません。となると、この「こう」も載せるべきではないかという話になるのですが、その場合、音読みとすべきか訓読みとすべきかでかなり悩んでしまうのです。

「鸛《かん》の鳥」に着目して、「かん」の音読み「鸛」は、「こうのとり」の語源辞典の類では、

音読みが変化したものだとしています。とすれば、「鸛」を「こう」と読む読み方は、「かん→かう→こう」と変化して生じた「慣用音」として漢和辞典に載せることになりましょう。

一方、『広辞苑』をはじめとする国語辞典の世界では、「こうのとり」の旧仮名遣いを「こふのとり」とするのが一般的。「こふ→こう」という変化は、先ほどの「かん→かう→こう」という流れの中には収まりません。こちらに基づくと、「こうのとり」の「こう」の語源は「鸛」の音読み「かん」とは別にあることになり、「鸛」を「こう」と読む読み方は訓読みに分類せざるを得なくなるのです。

「こう」は音読みなのか訓読みなのか。漢字の世界には、こんな基本的な部分でも、まだまだ謎が残っている、というお話でした。

ウサギと似ていてまぎらわしい！

【兎・兔】

コウノトリのように子宝の象徴とされて縁起がいい動物は、ほかにもいろいろ挙げられるでしょう。ここではもう一つ、ウサギについて見ておきましょう。

『広辞苑』によれば、ウサギは「ウサギ目の哺乳類の総称」。ウサギといえば長い耳をすぐに思い浮かべてしまう私などは、「耳の長いウサギ科と、耳が小さく小形のナキウサギ科とに大別」されるという記述に、ちょっとびっくり。「前脚は短く後脚は長い」のも特徴で、その後脚の脚力を生かして「行動は敏捷・活発」。「繁殖力は非常に大」だというところから、昔から子宝の象徴としても親しまれているというわけです。

漢字での書き表し方としては「兎」が掲げられています。この漢字、甲骨文字では図(右)のような形をしていて、ウサギの絵から生まれたと考えられています。大きさ的に微妙ではありますが耳がきちんと描かれてありますから、ウサギ科の方のウサギなのでしょう。

ところで、「兎」は、「兔」や「菟」と書かれることもあるのですが、「兔」とよく似た漢字に、「免除」「免疫」などで使われる「免」があります。両者の違いは、点が一つあるかないかだけ。いったいどういう関係にあるのでしょうか。

実は、「兎」と「免」は、成り立ちから見るとまったく別の漢字。金文の「免」は図(左)のような形ですから、どう見てもウサギの絵ではないですよね。これが何を表すかについてはいくつかの説がありますが、漢和辞典では、子どもが生まれてくるようすを表しているとするものが多く見られます。

この説に従って絵解きをすれば、上に描かれているのが母親で、下に描かれているのは赤ちゃんとなります。そして、子どもが母親の体内から抜け出すところから転じて、束縛からのがれる、まぬかれるといった意味になったと説明するわけです。「免」を構成要素として含む漢字に「分娩」の「娩」がありますが、「免」の本来の意味はこの漢字に受け継がれて残っていると考えると、つじつまが合います。

なお、「免」に部首「辶(しんにょう)」を組み合わせると、「逸脱」「後逸」の「逸」になりますが、これはいわゆる新字体。旧字体では「逸」という形をしていて、実は「兔(兎)」から派生した漢字です。「逸」は、ウサギが素早く逃げ去るところから、ある枠から外れるとか、捕まえ損なうといった意味になった、と説明されています。

ライオンの遠い親戚

【獅子】

ところで、お正月の縁起がいい動物としては、「獅子」を忘れるわけにはいきません。『広辞苑』でも説明してくれているように、「獅子舞」とは、「五穀豊穣《ほうじょう》の祈祷《きとう》や悪魔払いとして、新年の祝いに行われる」ものですよね。

「獅子」を『広辞苑』で調べると、いの一番に「ライオン」と書いてあります。そこでライオンの項目で確認しておくと、「ネコ科の哺乳類。体長約一・八メートル《メートル》」。「尾の端に黒い毛の総《ふさ》があ」り、「雄にはたてがみがある」。「アフリカからインドに広く分布していた」ものの、現在では「絶滅した地域が多い」ともあります。

「獅子」とは、本来は中国語でのライオンの呼び方。ただし、漢文の書物や、漢文に翻訳された仏教の経典では、「師子」の形で出て来る方が一般的です。たとえば、紀元前二～紀元前一世紀ごろの歴史を記した『漢書』に、西の方の国に「師子」がいるという一節があり、そこに付けられた注には「師子は虎に似ていて黄色くてひげがあり、尾の端に大きな毛の房がある」と書いてあります。

「師子」は、サンスクリットでライオンを意味する「シンハー」の最初の音を「師」で表したことばで、「子」は動物を表す接尾語だと考えられています。そういわれてみれば、タイのビール「シンハー」のトレードマークはライオン。あの「シンハー」も、サンスクリットに由来するのでしょうね。また、「シンガポール」とは「ライオンの都」という意味で、「シンガ」はライオンを意味するのだとか。

ところで、先ほど引用した『漢書』の注には、「師子とは、『爾雅《じが》』という辞書に出て来る狻猊《さんげい》である」とも書いてあります。ありがたいことに『広辞苑』には「狻猊」という熟語もちゃんと載っていて、端的に「獅子」だと説明してくれています。つまり、これもライオンを表すことばなのですが、その音読みからすると「シンハー」「シンガ」と同源のことばに対する当て字のように思われます。

『爾雅』とは、紀元前二世紀ごろにまとめられた辞書。そのころの中国の人々は、インドにいると伝え聞いていた猛獣の名前を、「師子」と「狻猊」という二通りの当て字で書き表したのでしょう。

そのそれぞれが現代の日本にまでたどりつき、お互いに知らんぷりをして国語辞典の中に収まっているという次第。なんだか不思議な気がしませんか？

トラの毛皮の美しさ　【虎】

ライオンが出ましたので、次はトラを取り上げましょう。これまた縁起のいい動物で、昔から掛け軸や置物の題材として親しまれています。

『広辞苑』によれば、トラは「ネコ科の哺乳類」で、「頭胴長二《メートル》、尾長九〇《センチメートル》に達する」。「黄色の地に黒の横縞」がある毛皮が特徴であることは、いうまでもありません。

漢字で書けば、もちろん「虎」。金文には図のような形をしたものがあるので、トラの絵が変化して生まれた漢字だと考えられています。おおざっぱにいえば、「虍」の部分はするどい牙が目立つ頭に当たり、「儿」は体から脚、しっぽにかけてだというわけです。

この「虍」は、「とらかんむり」と呼ばれる部首として、「虐待《ぎゃくたい》」の「虐」、「敬虔《けいけん》」の「虔」、「おそれ」と訓読みする「虞《ぐ》」など、トラと意味の上でつながりがありそうなさまざまな漢字を生み出しています。しかし、ここで取り上げたいのは、「虎」に部首「彡(さんづくり)」を組み合わせた「彪《ひょう》」。トラの毛皮の模様のように鮮やかで美しいことを表します。現在では人名以外ではほとんど使われませんが、『広辞苑』には、この漢字がめずらしく人名以外で使われている例があります。

それは、「虎の子渡し」の説明文。この慣用句、「苦しい生計をやりくりするたとえ」として使われるのですが、おもしろいのはその由来。「虎が三子を生むと、一子は彪《ひょう》で他子を食うので、水を渡る時まず彪を渡し、次に別の子を渡して彪を渡し返し、さらに残りの一子を渡し、最後に再び彪を渡したという説話にもとづく」のだとか。なんだかパズルみたいですが、これは一三世紀に中国で書かれた『癸辛雑識《きしんざっしき》』という本に出て来る話。この場合の「彪」は、トラの子どものうち、やんちゃすぎる一匹をいうわけです。

実は、虎が三匹子を生むと……というのは、中国のほかの書物にも時々出て来る言い伝え。ただ、そのうちのやんちゃすぎる一匹は「豹《ひょう》」となっているのがふつうです。「豹」はもちろん、『広辞苑』で「ネコ科の哺乳類。体長約一・五メートル。毛色は黄色の地に梅花状の黒点を持つ」と説明している、あのヒョウです。

ヒョウの毛皮も鮮やかで美しいことは、ヒョウ柄の洋服が今でも関西方面の一部の女性に熱狂的に支持されていることからも明らか。昔の中国の人々は、ヒョウはトラの柄違い、という程度の認識だったのかもしれませんね。

インドのリュウと中国のリュウ

【竜】

漢字文化の世界では、「虎」の最大のライバルといえば「竜」。「竜虎《りゅうこ》」は、『広辞苑』の説明にもある通り、「力量の伯仲した二人の強者のたとえ」として使われます。

「竜《りゅう》」について『広辞苑』を調べると、「①想像上の動物」とした上で、㋐として「インド神話で、蛇を神格化した人面蛇身の半神」、㋑として「中国で、神霊視される鱗虫の長」と説明しています。「鱗虫」とは、ヘビなど鱗のある動物のことですから、インドでも中国でも、「竜」のイメージそのものはそんなに違わないわけです。

漢字についていえば、「竜」はいわゆる新字体で、旧字体では「龍」と書くのは有名でしょう。旧字体の方が画数が多く重々しく見えるので、新字体はかわいそうにあまり人気がありません。とはいえ、金文でのこの漢字は図のような形をしていて、形からいけばむしろ新字体に近いというのも、そのスジの人の間では比較的よく知られたお話です。

この漢字について困るのは、「りゅう」と「りょう」という二つの音読みがあること。

国語辞典のような五十音順配列の辞書を作る場合には、一つ一つのことばについてどちらで見出しを立てるのか、取り扱いに苦労します。

「竜《りゅう》」そのものをはじめ、「竜王《りゅうおう》」「竜宮《りゅうぐう》」「恐竜《きょうりゅう》」など、多くのことばでは「りゅう」と読むのが一般的です。しかし、『広辞苑』で「野《や》に隠れて世に知られていない大人物」と説明する「臥竜《がりょう》」や、「天に高くのぼりつめた竜」をいう「亢竜《こうりょう》」など、漢文と深い関わりがあることばでは「りょう」の方が定着しているものも少なくありません。「りゅう」は庶民的、「りょう」は専門家的とでも申しましょうか。

「竜」を「りゅう」と読むのは、奈良時代よりも前、だいたい仏教伝来のころに日本に伝わった中国語の発音が元になった、「呉音《ごおん》」と呼ばれる音読みです。それに対して、「りょう」は、奈良時代から平安時代初期にかけて日本に伝わった中国語の発音が変化して生まれた、「漢音《かんおん》」という音読みです。

「竜」そのものは呉音で読まれるということは、日本人にとって「竜」は、仏教の伝来とともに慣れ親しむようになった想像上の動物なのでしょう。そう考えると、『広辞苑』が「竜」の項目で、漢字の本家、中国の「竜」よりも先に、インドに由来する「竜」の説明を置いているのも、わかるような気がします。

キリンの雌雄の違いとは？

【麒麟】

ところで、『広辞苑』の「竜」の項目には、「鳳《ほう》・麟《りん》・亀《き》とともに四瑞《しずい》の一つ」ともあります。「四瑞」とは、中国で縁起のいい四種類の動物を指すことば。そこで、次にその中から「麟」、つまり「麒麟《きりん》」について見ておきましょう。

「麒麟」と聞いてふつうに思い浮かべるのは、首の長いあの動物でしょう。『広辞苑』にも「ウシ目(偶蹄類)キリン科の哺乳類。頭までの高さは四《メー》《トル》を超え、哺乳類中もっとも高い」とあります。しかし、『広辞苑』ではこれは③の意味という位置づけです。

①として挙げてあるのは、「中国で聖人の出る前に現れるという想像上の動物」。「形は鹿に似て大きく、尾は牛に、蹄《ひづめ》は馬に似、背毛は五彩で毛は黄色。頭上に肉に包まれた角がある」。これが、四瑞の一つとしての「麒麟」です。

『広辞苑』には、「雄を「麒」、雌を「麟」という」という注記もあります。これは三世紀ごろからいわれていて現在でも多くの辞書が説くところですが、素直に受け取ってよいものかどうか……。というのは、昔から「麟」だけで「麒麟」を表す例が少なくないからです。

『広辞苑』の記述でいえば、先ほど引用した四瑞についての説明でも、出て来たのは「麟」だけでしたよね。ほかにも、「獲麟《かくりん》」という項目には、わざわざ「麟は麒麟《きりん》」と注意書きがあります。「獲麟」とは、紀元前八〜五世紀の約二四〇年間の歴史を記した中国の古典『春秋』について、「春、西のかた狩して麟を獲《え》たり」が最後の記事だと考えられていることに由来する故事成語。ものごとの終わりや、書物の結びを指して使われます。

『広辞苑』を離れると、東京都の文京区にある「麟祥院《りんしょういん》」や、宮城県の松島にある「天麟院《てんりんいん》」など、「麟」を名前に含むお寺はいくつもあります。一方、「麒」を名前に含むお寺は、私の調べたかぎりでは見つかりませんでした。また、たとえば勝海舟の通称「麟太郎《りんたろう》」のように、人名でも「麒」よりも「麟」が好んで用いられます。

とすれば、もともとは「麟」とだけ呼んでいた動物のことを、後になって、二文字の方が落ち着くというわけで「麒麟」と呼ぶようになったのではないでしょうか。とすれば、「麒」は雄で「麟」は雌だとするのも、元からそうだったのではなかろうと思われます。二〇〇〇年近くにわたっていわれ続けてきたという事実を軽んじるわけではありませんが、無批判に信じ込むのは避けておいた方がよさそうです。

悪口に使われたオオトリ

【鳳凰】

中国でいう縁起のいい四つの動物、「四瑞」のうち、「竜」と「麒麟」は先ほど続けて取り上げましたし、「亀」は前(一〇ページ)に取り上げました。そこで、ここでは残った「鳳《ほう》凰《おう》」について見てみることにいたしましょう。

『広辞苑』によれば、「鳳凰」は「想像上の瑞鳥」で、その姿は「五色絢爛《けんらん》」というきらびやかさ。「声は五音にあたり」というのは、鳴き声がきちんとした音階を奏でるということでしょう。こんなすばらしい鳥が姿を見せたら、それは理想的な王や皇帝が出現する前触れ。そこで、「聖徳の天子の兆として現れる」と書いてあります。

さらには「雄を鳳、雌を凰という」ともあります。「麒麟」と同様に、これも昔からいわれ続けていることではありますが、素直に信じ込むべきものではありません。「麒麟」を「麟」一文字で表すことがあったように、「鳳凰」も「鳳」一文字で表されることがよくあります。おそらく、元は「鳳」だけで想像上の鳥を表していたものが、後になって

「凰」が付け加えられたものでしょう。雄と雌の区別がいわれるようになったのは、それ以後のことだろうと思われます。

さて、「鳳」は「おおとり」と訓読みすることもできて、見るからに特別な雰囲気のある漢字ですが、「鳥」を「虫」に置き換えると、身近な「風」になります。この二つの漢字は同源で、吹く「かぜ」の神さまの姿として、竜のような一種の爬虫類を想像したのが「風」で、鳥を想像したのが「鳳」だといわれています。

「鳳」という漢字をめぐっては、「鳳字《ほうじ》」という故事成語があります。『広辞苑』の説明は「(「鳳」の字を分解すると凡と鳥の二字になるから)凡庸の人をあざけっていう語」。元になったのは、『世説新語《せせつしんご》』という本に出て来る次のようなお話です。

三世紀の中国に、嵇康《けいこう》という、超俗の暮らしを楽しんで名声を博している人物がいました。あるとき、親友の呂安《りょあん》が訪ねてきましたが、嵇康は不在。兄の嵇喜《けいき》がもてなそうとしたものの、呂安は門のところに「鳳」と一文字書いただけで、帰っていきました。

それを見た嵇喜は、自分のことを鳳のような立派な人物だとほめてくれたのだと思い、大喜び。しかし、呂安が「鳳」にこめた真意は「凡鳥」で、嵇喜は平凡な人物だから話す価値もない、と帰ってしまったという次第。呂安もなかなかえげつないことをしたものですね。

オシドリ夫婦の現実は？【鴛鴦】

縁起のいい動物たちを紹介してきたこの章の最後に取り上げるのは、オシドリです。この鳥については、なんといっても、仲のいい夫婦を指して使われる「おしどり夫婦」ということばが有名。夫婦円満のイメージがあるオシドリは、縁起のいい動物として、結婚の贈り物のデザインにもよく使われていますよね。

この鳥のことをいつものごとく『広辞苑』で調べると、「カモ目の水鳥」で、「冬から春の雄は特に美しく、翼には橙色の思い羽《ば》がある。雌は暗褐色」だとのこと。なんだか雄ばかりがおしゃれなイメージですが、雄と雌とで色が異なるのは、同じカモ目のマガモやカルガモなどにも共通する特徴です。

ここで、「思い羽」とは何だろう？ と首をひねったみなさん、安心してください。『広辞苑』はこのことばもちゃんと収録してくれています。

それによれば、「雄のオシドリにある、尾の両脇のイチョウの葉に似た羽」だとのこと。

そこでオシドリの項目に戻ってそこに載っているイラストを見ると、確かに、尾の付け根あたりから上に向かって、イチョウの葉のような形の羽が突き出ていますね。

さて、オシドリを漢字で書くと「鴛鴦」ですが、これを音読みすると「えんおう」になります。音読みとは、昔の中国語の発音が日本語風に変化したもので、「鴛鴦《えんおう》」とは、もともとは中国語でオシドリを表すことば。そこで、日本語ではこの二文字を合わせて「おしどり」と読むわけです。『広辞苑』には「鴛鴦《えんおう》」も載っていて、「オシドリの雌雄が常に一緒にいるとして、夫婦仲の良いことのたとえとする」と説明されています。

つまり、オシドリを見て夫婦仲がよいことを連想するのは、中国から受け継いだ伝統なのです。中国の文学では、古来、夫婦仲のよさの象徴として「鴛鴦」がくり返し引き合いに出されてきました。四世紀の初めごろの中国で書かれた『古今注《ここんちゅう》』という書物には、オシドリについて「雄と雌はけっして離れない。人間が片方を捕まえると、もう一方は相手を思うあまり死んでしまう」とまで書かれています。

ところで、「鴛」によく似た構造の漢字に、「宛」と「鳥」を組み合わせた「鵷」があります。漢和辞典によれば、これは、読み方は「鴛」と同じですが、意味は「鳳凰」の一種だとのこと。そして、中国の古い書物では、「鴛」が「鵷」の代わりに使われることもあります。とすれば、古い時代の中国では、「鴛鴦」にも「鳳凰」と同じように、空想上の動物という性格があったのかもしれません。

実際のオシドリは毎年のようにつがいの相手を変える鳥で、マガモやカルガモなどと比べて特別に夫婦仲がいいわけではないそうです。とすれば、片方だけになると焦がれ死にしてしまうとまでいわれるほど夫婦の仲がよいというイメージは、昔の中国の人々が頭の中で生み出したものなのでしょう。

実は、『広辞苑』も載せているように、「鴛鴦《えんおう》」についても「「鴛」は雄、「鴦」は雌」とする説が古くから唱えられています。「麒麟」や「鳳凰」もそうでしたが、雄と雌で漢字を使い分けるとされるのは、空想上の動物に多いように思います。

II　春、動物たちの目覚め

ウグイスの色はどんな色？　【鶯】

春の訪れを告げるものは、たくさんあります。鳥たちのさえずりも、その一つ。中でもウグイスは、立春のころから鳴き始めて、春をいち早く感じさせてくれます。

『広辞苑』によれば、ウグイスは「スズメ目ウグイス科の鳥。大きさはスズメぐらい」。「背面褐緑色」というのは、いわゆるうぐいす色。「市街地にも現れる」ので広く親しまれていて、「さえずりの声が美しい」のはいうまでもありません。

説明の末尾にはさまざまな別名が挙げられていますが、「春鳥・春告《はるつげ》鳥・花見鳥」は、ホーホケキョという鳴き声でまっさきに春の到来を教えてくれるから。その鳴き声に「法、法華経」と漢字を当てて、「経読《きょうよみ》鳥」とも呼ばれています。

漢字での書き表し方としては、『広辞苑』は「鶯」を掲げています。しかし、漢和辞典によれば、これは日本語独自の用法。もともとの中国語では、この漢字はコウライウグイスという別の鳥を指すからです。

そこで再び『広辞苑』から引用すると、コウライウグイスは「スズメ目コウライウグイス科の鳥」。「鳴き声がよいためにこの名があるが、ウグイスとは別科」とわざわざ断ってあります。イラストで比較してみると、ウグイス(右)とコウライウグイス(左)、確かにフォルムは似ていますね。

しかし、コウライウグイスは「全長約二五センチメートル」といいますから、「大きさはスズメぐらい」のウグイスよりはだいぶ大きく、「羽は大部分美しい黄色」ですから、色合いもまったく異なります。だとすれば、日本人はどうして「鶯」をウグイスだと思ったのでしょうか。

それは、おそらくコウライウグイスは「中国・朝鮮・台湾などに産」だから。「鶯《おう》」は春を告げる鳴き声の美しい鳥として漢詩にも出て来ますが、昔の日本人はその鳥を実際に見ることはできなかったのです。そこで、身近なウグイスに置き換えて解釈したのでしょう。

ところで、「鶯」から「鳥」を取り除いた「𤇾」は、灯りを意味する「熒《けい》」という漢字の省略形。この形は、第二次世界大戦後の国語改革より前に正式な字体として使われていた、いわゆる「旧字体」によく見られます。

たとえば、「蛍」の旧字体は「螢」で、灯りという意味合いがよく現れています。また、「営」の旧字体は「營」。もともとは、軍隊がかがり火をたいて夜を過ごす「陣営」を表す漢字です。さらに、「栄」の旧字体は「榮」。この漢字は、木に花がたくさん咲いているようすから生まれたものと考えられています。明るく咲く花々が灯りに似ている、というのでしょう。

となると、「鶯」にも何かしら灯り的な要素があるのだろうと思われます。そこで注目すべきは、コウライウグイスの「羽は大部分美しい黄色」だという『広辞苑』の記述。コウライウグイスとは、それ自体が灯りのような色合いの鳥なのです。「鶯」は、そこに注目して作られた漢字であるように思われます。

天神様とウソの深い関係　【鷽】

「鷽」という漢字をご存知でしょうか？　うっかりすると「鶯」と間違えてしまいそうですが、まったくの別もので、「𤇾」の部分が「𦥯」になっています。「鷽」は、春の季語にもなっている鳥、ウソを表す漢字です。

ウソについて『広辞苑』を調べてみると、「スズメ目アトリ科の鳥」で、大きさは「スズメよりやや大き」い。「鳴き声は口笛に似て悲調を帯び」ともあります。「うそぶく」とはもともとは口笛を吹くことであったように、口笛のことを昔は「うそ」といいましたので、ウソの呼び名はそこに由来しているのでしょう。

ところで、漢和辞典を調べると、「鷽《がく》」という漢字をこの鳥を表すために用いるのは、ウグイスを指して「鶯」を使うのと同じく、日本語独自の用法だと書いてあります。中国語での「鷽」は、「山鵲《さんじゃく》」とも呼ばれるカササギに似た鳥を指しているのです。

一世紀の終わりごろの中国で作られた漢字の辞書、『説文解字《せつもんかいじ》』によれば、「鷽」は「未

来の出来事を知っている鳥」なのだとか。一六世紀の学者、李時珍《りじちん》がまとめた一種の百科事典、『本草綱目《ほんぞうこうもく》』には、この鳥が「朝鳴けば晴れになり、夕暮れに鳴けば雨になる」ともあります。未来を知るといってもその程度なの？　という気もしますが、ともあれ、中国での「鷽」には、賢い鳥だというイメージがあったのでしょう。「鷽」に含まれる「𦥯」は、「学」の旧字体「學」にも見ることができます。「鷽」という漢字の由来には、「学」のイメージが関係しているのではないでしょうか。

それはともかく、私が気になるのは、日本人がウソを指して「鷽」を使うようになった理由。『広辞苑』に載っているウソのイラストを見つめながらあれこれ頭をひねってみましたが、その姿形からはそれらしい理由は思いつきません。あきらめかけていたところ、ウソの項目の下の段に、手掛かりになりそうな項目を見つけました。

それは「うそかえ」。漢字で書くと「鷽替」で、「太宰府・大阪・東京亀戸《かめいど》などの天満宮で、参詣人が木製の鷽を互いに交換し、神主から別のを受ける神事」だとのこと。「金製の鷽を換え当てた者は幸運を得るとされる」ともあります。インターネットで調べてみると、「鷽」が「嘘《うそ》」に通じるところから、一年分の嘘を真実に変えてもらうのだとか、一年分の不幸を嘘にして幸福にするのだとかいういわれがあるそうです。

天満宮といえば、菅原道真を祀った神社。菅原道真といえば、学問の神様。そんな神社に関係が深い鳥だとなれば、「學」の「子」の部分を「鳥」に変えて「鷽」という漢字が生まれたとしても、不思議はないですよね。あるいは、道真様にあやかってこの鳥も頭がよいと思われ、そのイメージが、中国で賢い鳥だとされる「鷽」と重なって、ウソを指して「鷽」を用いるようになったのかもしれません。

ちなみに、『広辞苑』のウソの項目には、「俗に、雄をテリウソ、雌をアメウソと呼ぶ」ともあります。先の『本草綱目』に出て来た天気を予測するという記述と、何か関係がありそうな気もします。

意外と古くないネコ

【猫・貓】

さて、春がやってくるとにわかに活気づくのは、鳥たちだけではありません。早春の一時期になると、オスネコたちの狂おしい鳴き声が聞こえてくることがあります。「猫の恋」といえば、春の季語です。

例によってまずは『広辞苑』の説明を引くと、ネコとは「広くはネコ目(食肉類)ネコ科の哺乳類のうち小形のものの総称」。「体はしなやかで、鞘《さや》に引きこむことのできる爪、ざらざらした舌、鋭い感覚のひげ、足裏の肉球などが特徴」と、ネコ好きの私にはたまらない説明が続きます。「一般には家畜化されたネコをいう」とのこと。『広辞苑』にはネコのイラストはあまり載っていないのですが、ここでは「ペルシア猫《ねこ》」の項目にあるものを掲げておきましょう。

漢字での書き表し方は「猫」だけしか示されていませんが、実は「貓」が由緒正しい書き方。中国の古い文献ではこちらの形でよく出て来ます。この漢字の部首、「豸(むじなへん)」は、「豹《ひょう》」や「貂《てん》」などにも含まれています。ヒョウはトラのところ(二一一ページ)で出て来ましたし、テンについては後ほど、リスのところ(一七五ページ)で取り上げます。

『広辞苑』のネコの項目によれば、「エジプト時代から鼠害対策としてリビアネコ(ヨーロッパヤマネコ)を飼育、家畜化したとされ、当時神聖視された」とのこと。そういえば、紀元前千数百年のエジプトの壁画に家畜化されたネコが描かれている、と何かの本で読んだことがあります。

ところが、中国の紀元前の文献には、「貓(猫)」はあまり出て来ません。古い詩に「貓有り虎有り」という一節があったり、ある王が狩りをした際の獲物の記録に「虎」が二二匹、「猫」が二匹と出て来たりする程度。「虎」とペアになっているのが定番なので、これらの「貓(猫)」は家畜ではなく、ヤマネコのような野生の動物、しかもトラの相方にしてもおかしくないくらい荒々しい動物を指していたのではないかと想像されます。

ちなみに、「猫(貓)」の成り立ちについては、苗をかじるネズミを捕まえるから「苗」が付くとか、「苗」の音読み「みょう」にも現れているように、「苗」はネコの鳴き声の擬音だ、などの説があります。その当否はともかく、「猫(貓)」が「苗」より後に生み出された漢字であることは、間違いありません。つまり、やや後発の漢字なのです。

そういうところからも、中国でネコが飼われるようになったのは比較的遅かったのではないか、と思われます。文献の上で飼いネコの存在を確実に確認できるのは、紀元後の六世紀に書かれた『斉民要術《せいみんようじゅつ》』という農業書でのこと。当時、酒蔵でのネズミ退治にネコを使っていたとのことです。

一方、日本のネコについては、『広辞苑』のネコのところに「在来種の和ネコは、奈良時代に中国から渡来したとされる」という記述があります。おそらくこれは、飼いネコのことなのでしょう。そうやって日本列島にやってきた飼いネコたちは、やがて平安時代になると、『枕草子』や『源氏物語』といった、名だたる古典文学でも重要な役割を演じるようになっていくのです。

ネズミは余裕で勝利する 【鼠】

ネコが出て来ましたので、ここでついでにネズミを取り上げておきましょう。

現代の住宅では、ネズミが住み着いていろんなものをかじって困ることはあまりなくなりました。でも、それは私たちが日常、目にする範囲内にいなくなっただけのことで、ネズミたちは相変わらず、人間の周囲で暮らしているようです。都会でもたまに、ネズミが道端を走っていくのを見かけることがありますよね。

ネズミについて『広辞苑』で調べてみると、漢字での書き表し方として「鼠」が示された後、「広くはネズミ目(齧歯《げっし》類)のネズミ亜目、またリス亜目のホリネズミ、さらにモグラ目のトガリネズミを含む小形哺乳類の総称」という長々とした説明が続きます。なにやら話がややこしくなりそうな気配ですが、「普通はドブネズミ・クマネズミなどのイエネズミをいう」とあるので、ひと安心です。

そこで、気を取り直して、ドブネズミの項目を見てみましょう。「ネズミ科の一種」で、

「全世界の人家の近く、特に下水溝に生息する」。「どぶ」とは下水溝のこと。だから「どぶねずみ」と呼ばれるのでしょう。そこで、漢字では「溝鼠」と書くわけです。

この「鼠」という漢字ですが、紀元前三世紀ごろに使われていた古代文字の一つ、「篆書《てんしょ》」では、図(右)のような形をしています。一目瞭然、ネズミの絵から生まれた漢字ですよね。前歯を強調した頭部と、長い尻尾の生えた胴体が、よく描かれています。万が一、ミッキー・マウスしか見たことがないという方がいらしてはいけませんから、比較のために、『広辞苑』のドブネズミのところに載っているイラストをお見せしておきましょう。

さて、私が、「鼠」の漢字で気になるのは、胴体にあたるところに見える、四つの点々。篆書にもそのままの形で存在していますが、手足の表現なのでしょうか。それとも毛並みを描いているのでしょうか。どちらにしても、古代人の目は妙にリアルです。

ただ、「鼠」の漢字は、篆書よりもずっと前、紀元前一三〇〇年ごろに使われていた甲骨文字(一〇ページ)の時代から存在しています。図(中)はその例ですが、ここには四つの点々はありません。その代わり、頭の周囲にかじりかすのような点が描かれています。その当時から、人間にとってネズミたちは、いろんなものをかじり散らす厄介ものだったのでしょう。

とはいえ、ネズミが身近な動物だったことは間違いありません。だからこそ古代中国の人々は、ネズミの姿を見つめて「鼠」という漢字を生み出したのです。加えて、「鼠」は部首として、いくつかの動物を表す漢字を生み出しています。『広辞苑』から例を挙げると、イタチは「鼬」または「鼬鼠」と書かれ、ムササビは「鼺鼠」や「鼯鼠」と書かれます。モグラは有名な「土竜」のほか、「鼴鼠」という書き表し方もあります。

こうやって漢字の世界の片隅に一つの確固とした勢力を築いているところが、「鼠」が「猫」とは異なる点。「窮鼠《きゅうそ》猫を嚙《か》む」ということわざがありますが、そんなふうに追い詰められるまでもなく、漢字の世界では、ネズミはネコに余裕で勝っているといえましょう。

チョウのひげ vs ガの眉

【蝶・胡蝶・蝴蝶・蛾】

早春の肌寒さが消え、万物が暖かい日差しに包まれるようになると、植物たちは色とりどりの花を咲かせ、その花をめぐってチョウたちが舞い始めます。『広辞苑』によれば、チョウは「チョウ目のガ以外の昆虫の総称」。「翅《はね》は鱗粉と鱗毛により多様な色彩を現し」とあるように、その美しい姿で愛されています。

漢字で書くともちろん「蝶」ですが、『広辞苑』でも説明の末尾の方で挙げているように、「胡蝶《こちょう》」とも呼ばれます。そこで「胡蝶」の項目を見てみると、漢字での書き表し方として「蝴蝶」も掲げられています。「蝴」は、「蝶」に見た目を揃えるために、「胡」に「虫(むしへん)」を付け加えて後から作られた漢字でしょう。

「胡」は、中国から見て西の方、シルクロードを行き来する異民族を指す漢字。調味料の「胡椒《こしょう》」は、インド原産でシルクロードを通って中国に伝わりました。漢文で「胡馬《こば》」といえば、中央アジア産の優秀な馬。とすれば、「胡蝶」も西からやってきたチョウだと

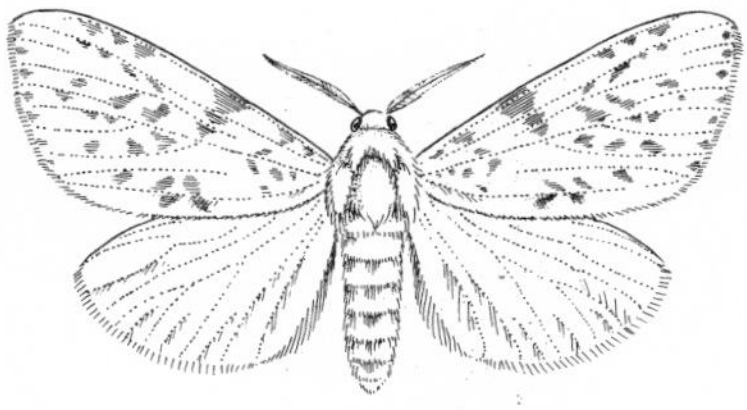

考えたくなりますが、そういうわけではなさそうです。

「胡蝶」の語源については、一六世紀の学者、李時珍《りじちん》がまとめた一種の百科事典『本草綱目《ほんぞうこうもく》』に、彼自身の説が載っています。李先生のご覧になるところでは、「蝶は鬚《ひげ》が美しく、蛾は眉が美しい」。「鬚」はあごひげを指す漢字ですが、トラなどのひげも表します。つまり、チョウの触角はひげのようで、ガの触角は眉のようだというのでしょう。

ここで、『広辞苑』でガについて調べてみましょう。ガとは、「チョウ目のチョウ以外の昆虫の総称」。チョウとの違いは、まずは「多くは夜間活動し、静止の際、翅を水平に開くか屋根状に畳」む点。ついで、問題の触角について「先端ほど細くなり、櫛歯状になっているものもある」とあります。

一方、チョウの項目に戻ると、「棍棒状または杓子状の触角を具える」。なるほど、チョウとガとでは、確かに触角の形に違いがあるんですね！　比較のため、チョウの例としてシジミチョウ(右)、ガの代表としてアメリカシロヒトリ(左)の項目にあるイラストを、お目にかけておきましょう。ガの触角は「先端ほど細くな」るところが、眉っぽいのでしょうか。

ともあれ、李先生はおっしゃいます。「蝶の別名を蝴蝶というのは、俗に鬚のことを胡ともいうからだ」。漢和辞典を見ると、なるほど「胡」にもあごひげという意味があります。その点、この説はつじつまが合うわけですが、あの美しい羽を差し置いて、わざわざ触角に注目して名前をつけなくても……、という気がするのは私だけでしょうか?

ちなみに、中国では、ガの触角は美しいものだとされてきました。『広辞苑』にも載っているように、「蛾眉《がび》」とは「蛾の触角のような三日月形の眉」のことで、「美人の眉の形容」として使われます。

ハチのミツの甘い味わい　【蜂・蜜蜂】

花から花へと飛び渡るのは、チョウたちだけではありません。ミツバチをはじめとするハチたちも、春になると花から花へと渡り歩き始めます。そこで、次はハチについて見てみましょう。

『広辞苑』のハチの項目を開いてみると、いわく、「ハチ目の昆虫のうち、アリ以外のものの総称。多くは腹が細くのびて、腹柄を形成し、雌は産卵管を毒針としても使う」。漢字ではもちろん、「蜂」と書き表します。

この「蜂」の右側の「夆」は、「峰」「鋒《ほう》」などにも含まれている形。「峰」は、山のてっぺんのとがった部分。「鋒」は「きっさき」と訓読みして、刃物のとがった先端を指します。とすれば、「蜂」に含まれる「夆」は、あの「毒針」を表すと考えて間違いないでしょう。

ものの本によると、ハチは世界中に一〇万種以上もいるのだとか。そのためもあって、

『広辞苑』ではハチのところにはイラストは載せず、ミツバチ、スズメバチ、クマバチなど個別の項目にイラストを載せています。ここでは、ミツバチのものをお見せしておきましょう。このお尻の先のとがったところに、例の「毒針」が納められているわけです。

『広辞苑』によれば、ミツバチは漢字で書くと「蜜蜂」で、「ミツバチ科ミツバチ属の蜂の総称」。ここで注目すべきは、「蜜」の方にも部首「虫(むし)」が含まれていること。「蜜」は、「密」の「山」を「虫」に置き換えた形。そこで、成り立ちとしては、巣の中に密に、つまりぎっしりと蓄えられたハチミツを指す、と考える説が優勢です。

この漢字は古くからあって、紀元前数世紀の中国の風習を伝えている『礼記《らいき》』という書物に、甘いものの一つとして挙げられています。それがどんなハチの「蜜」なのかはわかりませんが、少なくともそのころには、ハチの蜜は食用にされていたのでしょう。

その後も中国の書物には、「蜜のように甘い」といった類の表現が、時折、見られます。中でも有名なのは、「口に蜜あり腹に剣あり」という故事成語。これは、もともとは八世紀、唐王朝の時代に権勢を振るった李《り》林甫《りんぽ》という宰相の陰険な性格を表すことば。『広辞苑』にももちろん載っていて、「口先ではうまいことを言いながら、心の中では陥れようと陰謀をめぐらすこと」と説明されています。これらからすれば、中国の少なくとも上流階級では、古くからハチミツの甘い味は広く知られていたのでしょう。

ところで、「蜂」を「はち」と読むのは訓読みで、音読みでは「ほう」と読みます。それに対して、「蜜」を「みつ」と読むのは音読みで、この漢字には訓読みがありません。音読みとは、昔の中国語の発音が日本語風に変化したもの。訓読みとは、漢字の意味を日本語の一語の単語に翻訳したものです。つまり、一般的にいうと、訓読みがない漢字には、その意味に相当する適切な日本語の単語が存在しない、ということになります。「蜜」に相当する古くからの日本語の単語が存在しないのは、かつては多くの日本人にとって、ハチミツが日常的なものではなかったからでしょう。日本で養蜂が本格的に行われるようになるのは、江戸時代になってからのことなのだとか。それ以前は、ハチミツの甘さを一度も味わうことのないまま死んでいく人が、ほとんどだったのでしょう。

そう考えると、私たちはまことにありがたい時代に生まれたものですね。

たとえられがちなオタマジャクシ

【御玉杓子・蝌蚪】

春の日差しは、水辺の風景も一変させます。水面はきらきらと輝き、手を水にひたすとぬるく感じる。そんな川や池の中で元気よく泳ぎ回っているのが、オタマジャクシです。『広辞苑』のオタマジャクシの項目を見ると、まず、漢字での書き表し方として「御玉杓子」が掲げられています。続く説明は、「①形がまるくて柄のついた汁杓子」。しかし、いま話題にしているのは、もちろん「②カエルの幼生」の方。「体は卵形。まだ四肢がなく、尾だけで泳ぐ」というその姿が「形がまるくて柄のついた汁杓子」に似ているから「おたまじゃくし」と呼ばれるわけですが、説明の末尾には、別名として「蝌蚪《かと》」も挙げられています。

「蝌蚪」とは、もともとは中国語でオタマジャクシを指すことば。パソコンなどでは、「おたまじゃくし」をこの二文字に変換してくれることもあります。とはいえ、「蝌」も「蚪」もほかではまず見かけない漢字。どのような意味があるのでしょうか？

実はこの二つは、「蝴蝶」の「蝴」(四四ページ)と同様に、後から部首「虫(むしへん)」を付け加えられて作られた漢字。その証拠に、オタマジャクシを表す熟語として、漢和辞典では「科斗《かと》」もよく載せています。

「斗」は、細長い柄が付いた柄杓《ひしゃく》を表す漢字。「北斗七星」とは、北の空に柄杓のような形で並んでいる七つの星のことですよね。一方、「科」は、「科目」「教科」のように何かの分類を意味していますが、成り立ちとしては、穀物を表す「禾《か》」と「斗」の組み合わせ。ふつう、原義は穀物を柄杓で量って分けることだと説明されています。

つまり、「科斗」を文字通りに解釈すると、穀物を量り分けるための柄杓。それはつまり『広辞苑』でいう「柄のついた汁杓子」と似たようなものですから、日本語でも中国語でも、同じ発想で名前をつけていることがわかります。確かに、あの姿からほかのものを思い浮かべよといわれるほうが、無理な相談かもしれませんね。

ところで、『広辞苑』の「蝌蚪」には、もう一つ別の意味も載っています。それは、中国の紀元前の時代に使われた、漢字の書き方の一つ。「文字の線が頭大きく尾小さく、おたまじゃくしの形に似ていたところからの名」なのだとか。

一方、オタマジャクシの項目に戻ると、③として「楽譜の音符記号の俗称」ともあります。昔は文字に今は音符にと、オタマジャクシも大忙しですね！

ヒバリは神さまに告げ口する?

【雲雀・告天子】

陽春の空は、晴れ渡っていてもどこか霞がかっていて、もやもやした感じを与えます。そんな青空高く舞い上がって、鳴き声を聞かせてくれるのが、ヒバリです。

『広辞苑』によれば、ヒバリは「スズメ目ヒバリ科の小鳥」で、「スズメよりやや大きく、背面は黄褐色の地に黒褐色の斑がある」。「空中高くのぼってさえずる」のが得意で、「鳴き声は「一升貸して二斗取る、利取る、利取る」などと聞きなす」ともあります。

漢字での書き表し方として掲げてあるのは、「雲雀」と「告天子」の二つ。このうち、よく知られた「雲雀」は、雲の上まで飛んでいく雀のような鳥だという意味合いでしょう。「告天子」も発想としては同じで、天まで飛んでさえずるところから。ここでの「子」は、ライオンのところの「師子」(一九ページ)と同じく動物を表す接尾語です。

この「告天子」は、「こうてんし」と音読みされることもあります。『広辞苑』にはもちろんこちらも載っていて、「ヒバリのこと」と説明されています。しかし、これは②の意味。①としては、「スズメ目ヒバリ科の小鳥。ヒバリに近縁だがかなり大きい」とあります。「鳴き声がよいので、中国人が愛玩。東部シベリア・中国東北部に分布」とありますから、日本人にはあまりなじみがない鳥なのでしょう。つまり、これまた「鶯」(三二ページ)や「鷽」(三五ページ)と同じく、日本語と中国語とでは厳密には別の鳥を指している例なのです。

「告天子」については、中国で一七世紀の初めに作られた図鑑、『三才図会《さんさいずえ》』に、次のような説明があります。「褐色で、ウズラくらいの小ささ」。「夜明けの晴れた空を鳴きながら飛び、まっすぐに雲まで昇って鳴き声を長く響かせる」。

確かにヒバリとイメージが重なりますよね。図は『広辞苑』のヒバリのイラストですが、インターネット上の写真で見る限り、コウテンシも見かけはほとんど変わりません。

ところで、「告天子」の「告」は、「こう」と読みます。実は、これは「告」のまっとうな音読み。音読みとは昔の中国語の発音が日本語風に変化したものですから、昔の中国語の発音に従って理論的に考えると、「告」は「こう」と音読みすべきなのです。「こく」と音読みするのは、ある特別な熟語の場合だけ。しかし、日本ではこちらの読み方が一般化してしまい、たいていの「告」を「こく」と読んできたのです。

こういうふうに、理論からは外れて定着している音読みのことを、「慣用音」といいます。慣用として広く使われている読み方なので、「告天子」を「こくてんし」と読んでも、間違いというわけではありません。事実、『広辞苑』も、「こくてんし」という読み方でも見出しを立てて、「こうてんし」を見るように導いています。

それにしても、「告天子」の場合にだけ「告」を「こう」と読むというのは、妙といえば妙なこだわりですよね。おそらく、もともとは中国にしかいない鳥を指しているという意識があって、そのために中国語の発音に基づく由緒正しい音読みで読もうと努めてきたのではないでしょうか。

ちなみに、「雲雀」をヒバリに対して用いるのも、日本語独自の用法。日本語では、「雲雀」は主としてヒバリを、「告天子」は主として中国人に愛好されるコウテンシをという、漠然とした使い分けがなされてきたのかもしれません。

キジは矢のように飛んでいく?

【雉・雉子】

『広辞苑』ではちょっと複雑な聞きなしが紹介されていたヒバリの鳴き声ですが、一般にはピーチュル、ピーチュルと表現されます。これと同じく、春に印象的な声を聞かせてくれるのが、キジ。雄が自分の縄張りを示すために、ケーンケーンと鋭い声で鳴きます。

例によって『広辞苑』を調べてみると、キジは漢字では「雉」または「雉子」と書き、「キジ目キジ科の鳥」。「雄は顔が裸出し赤色。頸・胸・下面全体は暗緑色。背面の色彩は複雑美麗」という具合に、色合いが特徴的です。

おしまい近くに「古称きぎす・きぎし」とあるように、キジは「きぎす」や「きぎし」という名前で、『古事記』や『日本書紀』にも出て来ます。また、あまたいる鳥たちの代表として、桃太郎の家来となって鬼ヶ島遠征にも参加したことは、ご存じの通り。それだけ日本人にはなじみの深い鳥なのですから、「一九四七年、日本鳥学会で国鳥に選定」されたというのも、順当なところなのでしょう。

ところで、ウグイスに対してコウライウグイスがいたように(三二ページ)、キジに対してもコウライキジという鳥がいます。『広辞苑』によれば、こちらは「中国北東部・朝鮮半島産」であるものの、「大きさ・色ともにキジに似」ていますが、「頸に広い白い輪がある」のが異なるところ。とはいえ、「日本のキジと同種とされることが多い」そうですから、中国でも日本でも「雉」が表す鳥は同じものだ、と考えてよさそうです。

一世紀の終わりごろの中国の学者、許慎《きょしん》は、「雉」についてはなぜかご執心で、その著書、『説文解字』の「雉」の項目で、その具体名を一四も列挙しています。たとえば、「喬雉《きょうち》」「翰雉《かんち》」「卓雉《たくち》」「翟山雉《てきさんち》」「秩秩海雉《ちつちつかいち》」といった具合。一四種類のうちの後半は地方ごとの呼び名になっているので、実際にキジをそれだけ細かく分類していたというわけではなさそうですが、当時の中国の人々がキジに並々ならぬ関心を抱いていたことは確かです。その証拠に、雄のキジのあの鳴き声を表す「雊《こう》」という漢字まであります。日本と同様、中国でもキジはとても身近な鳥だったのでしょう。

「雉」という漢字の成り立ちについては、一二世紀に中国で書かれた『本草衍義《ほんぞうえんぎ》』という一種の百科事典に、ちょっとおもしろい記述があります。いわく、「キジの飛び方は矢のようで、一目散に飛んでは地面に落ちる」。だから、「雉」には「矢」が含まれるのだ、といいたげです。続いて、「今、キジの尾を船や車に載せておく風習があるのは、キジみたいに速く進めるようにと願ってのことだ」とも書かれています。

ところが、キジは飛ぶのが苦手な鳥として知られています。『広辞苑』のイラストで見ても、ちょっとずんぐりした体型をしていますものね。となると、『本草衍義』の成り立ち説はちょっとこじつけっぽくないでしょうか。とはいえ、走るのは速いそうですから鳥は見かけによらないもの。船や車に尾を載せておくのも、キジが地上を走るスピードにあやかった風習なのかもしれません。

左右対称のウシの角【牛】

闘牛といえばスペインのイメージがありますが、日本でも、「牛の角突き」や「牛合わせ」などと呼ばれて、各地で行われています。そのうち、有名な新潟県の山古志《やまこし》の「牛の角突き」は、現在ではゴールデン・ウィークのころから半年ほどの間、開催されていますが、もともとは春の神事として行われていたのだとか。そのためか、俳句の世界では、「闘牛」は春の季語となっています。

闘牛でウシたちの大切な武器となるのが、鋭い角。私などは、ウシというと漫然と乳牛を思い浮かべてしまうので、角のイメージはあまりないのですが、もともとは立派な角を持つ動物です。『広辞苑』のウシの項目にも、「ウシ目(偶蹄類)ウシ科の一群の哺乳類の総称」に続いて、「体は頑丈で角をもち、尾は細い」と書いてあります。

このように、角はウシの大きな特徴。「牛」という漢字も、ツノがある牛の頭を抽象化した絵から生まれたと考えられています。図は甲骨文字の「牛」ですが、確かにそんなふうに見えますよね。

牛の角から生まれたといわれていることばに、「互角」があります。『広辞苑』で調べてみると、意味はもちろん「互いに力量に優劣のないこと」ですが、漢字での書き表し方として、「互角」のほかに「牛角」も挙げられています。そして、「牛の角が左右互いに長短・大小のない意から」という注記まであるのです。

「牛」を「ご」と読むのは、リュウのところ（一三三ページ）で説明した呉音。だいたい仏教伝来のころに日本に伝わった中国語の発音が変化して生まれた、古くからある音読みの一種で、現在でも、仏教関連のことばでは呉音がよく使われます。たとえば、「牛《ご》頭《ず》馬《め》頭《ず》」とは、仏教で、体は人間だけれど頭はウシやウマになっている、地獄の番人をいうことばです。

とすれば、「牛角」も、元は仏教用語だった可能性があります。そこで、仏教の経典を少し探してみたのですが、出て来る「牛角」は、お釈迦様が弟子たちに説教をしたゴーシンガという地名に対する当て字ばかり……。

実は、「互角」という書き方も、中国の文献には出て来ません。考えてみれば、右と左でたいした違いがないのは、何もウシの角に限った話ではありません。「互角（牛角）」は、気の利いた昔の日本人が、冗談混じりに作り出したことばなのかもしれません。

ヒツジは昔から大人気！

【羊】

現在では、ウシもヒツジも牧場に行けば目にすることができますが、昔から日本人にとって身近だったのはウシの方。ヒツジが日本でまとまって飼育されるようになったのは、明治になってからのことです。

しかし、古代中国の人々にとっては、ヒツジは身近な存在だったようです。その証拠に、ヒツジを表す漢字「羊」の祖先は、紀元前一三〇〇年ごろに使われていた例の甲骨文字にまでさかのぼることができます。図はその例ですが、「牛」と同じく、ヒツジの頭部を抽象的に描いた絵から生まれた漢字。角がくるっと巻いているところが特徴です。

『広辞苑』によれば、ヒツジは「ウシ科の哺乳類」で、世界的に見れば「八〇〇〇年以上前からの家畜」だとのこと。中国の人々も、ヒツジの家畜化を早い時期に遊牧民族から学んだのでしょう。

ヒツジが身近であったことを反映して、「羊」は部首として多くの漢字を生み出してい

ます。代表的なのは「群」。この漢字になぜ「羊」が付くかは、『広辞苑』のヒツジの説明に「性質は臆病で常に群棲」とあるところからも、明らかでしょう。

『広辞苑』に「肉は食用」と書いてあるのも重要です。「羨望《せんぼう》」の「羨」は、ヒツジの肉を食べたくて人間がよだれを垂らしているところから生まれた漢字。「次」はよだれを表します。「義」は本来、ヒツジの肉を正しく切り分けること、「美」は大きくておいしそうなヒツジと関係が深い漢字だと考えられています。

『広辞苑』の説明には、「毛は毛織物の原料」ともあります。「羢《じゅう》」は、ヒツジの毛を表す漢字。「絨毯《じゅうたん》」の「絨」とほぼ同じですね。牧場でヒツジの毛刈りが始まったというニュースは、日本でも晩春から初夏にかけての風物詩となっています。

肉や毛だけではなく、「脂・皮も用途が多い」とも『広辞苑』にはあります。人間のためにまさに体のすべてを捧げている動物なのに、おとなしい性格のためか、弱い者や不幸な者の象徴ともされているのは、ちょっとかわいそう。疲れ切っていることを表す「羸《るい》」という漢字があるのですが、その部首も「羊」なのは、ヒツジのそういう面を反映したものなのかもしれません。『広辞苑』にも「羸弱」という熟語が載っていて、「身体などがよわいこと。かよわいこと。つかれよわること」と説明されています。

よく見ればわかるツバメの姿

【燕・玄鳥・乙鳥】

この章の最後に、春になるとやってくる渡り鳥の中から、ツバメを取り上げておきましょう。『広辞苑』によれば、漢字では「燕」と書き、「スズメ目ツバメ科の鳥」。「日本には春飛来し、人家に営巣して、秋、南方に去る」とあります。

説明の末尾には、「ツバクラ。ツバクロ。ツバクラメ」と別名が列挙されていますが、そのあとに「玄鳥《げんちょう》」も挙がっています。これは、もともとは中国でのツバメの別名。「玄」は深みのある黒を表す漢字ですから、『広辞苑』が「背面は光沢ある青黒色」だと説明してくれている、ツバメのあの色に由来するのでしょう。

俳句の世界などでは、「玄鳥」を「つばめ」と読むこともあります。同様に、元は中国語に由来するツバメの別名で、俳句などで「つばめ」と読むことがあることばとしては、「乙鳥《いっちょう》」もあります。こちらの由来は、「乙」にツバメを指す用法があること。とはいえ、その裏にはちょっとややこしい事情があります。

実は、「甲乙」の「乙」という漢字には、ツバメという意味はないのです。これとは別に「乙《いつ》」という漢字があってそれがツバメを指していたのですが、形も読み方もよく似ていたために混同されて、ツバメを指す場合にも「乙」が使われるようになったという次第。そこで、後には「甲乙」の「乙」と区別するため、部首「鳥」を付け加えてツバメを表すことをはっきりさせた「鳦《いつ》」という漢字も作られています。

ちなみに、「乙」については、ツバメがカーブを描きながら猛スピードで飛んで行く、その曲線から生まれた漢字だという説があります。そういわれれば、そんなふうにも見えて来るからおもしろいですね。

とはいえ、ツバメを表す漢字としては、「燕」が圧倒的に有名です。それもそのはず、「燕」はツバメの絵から生まれた漢字。『広辞苑』のツバメの項目のイラストと照らし合わせながら、「廿」が顔、「口」が胴体、左右に分かれた「北」が翼、「灬」はしっぽというふうに見ていただければ、そのことがよくわかるかと思います。

ところで、「燕」について漢和辞典的に気になるのは、この漢字には安らぐとか、集まって楽しむといった意味もあること。

『広辞苑』にも、「安らかにくつろいでいること」を意味する「燕居《えんきょ》」という熟語が載っていますし、「酒宴を開いて楽しむこと」をいう「宴楽《えんらく》」という熟語には、漢字での書き表し方として「燕楽」も示されています。

この用法は、辞書的には、昔の中国語では「燕《えん》」の発音が「安《あん》」や「宴《えん》」の発音とよく似ていたところから転用されたものだ、と説明するのがふつうです。しかし、「安」「宴」ではなくわざわざ「燕」を用いることがある背景には、やはり何かそれなりの理由があったとしても不思議ではありません。

『広辞苑』も述べていたように、ツバメといえば「人家に営巣し」て子育てするのがよく知られています。そのようすが、安らぐとか集まって楽しむというイメージを生んだのではないでしょうか。その結果、中国語ではツバメのことを「安」「宴」と同じ発音で呼ぶようになり、「燕」にもそういう用法が生まれた、ということなのかもしれません。

親ツバメが子ツバメのもとにせっせと餌を運んでいるそのころには、季節は春から夏へと、その歩みを進めていることでしょう。

III

初夏の青空、そして梅雨

悲しい伝説のホトトギス

【杜鵑・子規・不如帰・時鳥など】

新緑が目にしみる季節のすばらしさを「目には青葉山ほととぎす初がつを」と詠んだのは、江戸時代の俳人、山口素堂《そどう》。というわけで、この章ではホトトギスを手始めに、新緑の似合う鳥から見ていきましょう。

『広辞苑』によれば、ホトトギスは「カッコウ目カッコウ科の鳥」。イラストも載っているので、その姿形を確認することができます。その特徴については、「ウグイスなどの巣に托卵《たくらん》する」とか「日本の文学、特に和歌に現れ」るなど、いろいろ語るべきことがありますが、私が注目したいのは、漢字での書き表し方が多いこと。『広辞苑』の見出しのすぐ下にも、「杜鵑・霍公鳥・郭公・時鳥・子規・杜宇・不如帰・沓手鳥・蜀魂」と九つも並んでいます。おそらく動物界の最多記録でしょう。

このうち、「しき」と音読みして正岡子規の雅号となっていることで有名な「子規」は、本来は中国語でホトトギスの鳴き声を表す擬音語。よく似た擬音に「子鵑《しけん》」もあり、中国

ではこちらもホトトギスの呼び名として使われます。

四世紀に書かれた歴史書、『華陽国志《かようこくし》』によると、はるかな昔、中国に初めての統一王朝が生まれるより前の時代に、現在の四川省にあたる蜀《しょく》の地方を治めていた「杜宇《とう》」という王が、わけあって位を大臣に譲って姿を消しました。それはちょうど「子鵑」が鳴くころのことで、人々は王を思ってその鳴き声を悲しく聞いたのだとか。「ほととぎす」を「杜宇」「杜鵑」とも書き表すのは、この話に由来しています。

この伝説は、古代の蜀で王朝の交替があったことを伝えるものだと考えられています。とすれば、ホトトギスの鳴き声には、滅ぼされた王朝をあわれむ心が託されているのでしょう。

そのためでしょうか、この王は死んでホトトギスになり、蜀を思って鳴き続けている、ともいわれています。そこから生まれたホトトギスの別名が「蜀魂《しょくこん》」。さらには、だからホトトギスの鳴き声は「不如帰《ふじょき》」と聞こえるのだ、ともいわれます。「不如帰」を漢文として書き下すと「帰るに如《し》かず」で、「帰る方がいい、帰りたい」という意味。そんなお話があるので、「蜀魂」や「不如帰」も、日本では「ほととぎす」と読むことがあるわけです。

とはいえ、同じ鳴き声なのに「子規《しき》」とも「不如帰《ふじょき》」とも聞こえるというのは、ちょっと納得がいきませんよね。でも、日本語でも、ホトトギスの鳴き声をさまざまに聞きなします。『広辞苑』にも「「てっぺんかけたか」「ほっちょんかけたか」などと聞こえ」るとありますし、「特許許可局」という聞きなしも有名ですよね。

『広辞苑』によれば、「ほととぎす」という名前自体も「鳴き声による名か。スは鳥を表す接尾辞」だとのこと。いろいろに聞こえるのは、多くの人々が興味を持って、その鳴き声に耳を傾けてきたことの現れなのでしょう。

そのほか、「ほととぎす」を「時鳥」と書き表すのは、夏が来たという時の流れを教えてくれる鳥だから。「沓手鳥」と書き表すことについては、『広辞苑』では「沓手鳥《くつてどり》」の項目で、「古い俗説に、ホトトギスが前生に沓《くつ》を造って売ったという」とその由来を説明しています。どちらも、日本語独自の漢字の使い方です。

カッコウは農作業の友

【郭公・布穀】

ホトトギスの漢字での書き表し方として『広辞苑』が挙げていた九つのうち、先ほど取り上げなかったものが二つあります。そのうちの一つが「郭公」。これは、そのまま音読みすると「かっこう」となり、ホトトギスとは別の鳥のカッコウを表します。『広辞苑』の説明を引くと、カッコウとは「カッコウ目カッコウ科の鳥」。「鳴声は「かっこう」と響く」というのが、その名の由来です。

それにしても、カッコウを表す「郭公」を「ほととぎす」と読むことがあるなんて、ややこしいですよね。その原因は、「古来、和歌などで「ほととぎす」に「郭公」を当てた」こと。ただ、「郭公」と書いて「ほととぎす」と読むようになるのは平安時代のことで、奈良時代には同音の漢字を含む「霍公鳥《かっこう》」を「ほととぎす」と読んで使っていました。これが、例の九つのうちの最後の一つ。当時の人々の意識の上では、ホトトギスとカッコウは区別されていなかったのでしょう。

実際、カッコウとホトトギスは瓜二つ。『広辞苑』のカッコウのイラストを、ホトトギスのもの(六七ページ)と比べてみてください。私には見分けられる自信がありません。

ところで、漢文の世界でカッコウを指すことがあるとされることばとしては、「布穀《ふこく》」があります。たとえば、八世紀、唐王朝の時代の大詩人、杜甫が、戦乱が終わって武器についた血を洗い流せるようになることを願ってうたった「洗兵《せんぺい》行《こう》」という詩では、次のように用いられています。

田家《でんか》は望望《ぼうぼう》として雨の乾くを惜しみ
布穀は処処《しょしょ》に春の種を催《うなが》す

ここにうたわれているのは、お百姓さんが日照りの心配をして空を見上げている一方で、「布穀」はあちこちで早く春の種まきをしろと鳴いている、という情景。「配布」のように、「布」にはまくという意味がありますから、「布穀」は穀物の種をまくという意味だとも解釈できます。これはおそらく、カッコウの鳴き声の擬音で、カッコウは種まきの時期を教えてくれる鳥だと考えられていたのでしょう。

一六世紀の中国で作られた一種の百科事典、『本草綱目《ほんぞうこうもく》』では、八世紀に書かれた古い書物から引用する形で、中国の南の方では「布穀」を「郭公」や「獲穀《かっこく》」と呼び、北の方では「撥穀《はっこく》」といったと紹介しています。ここに出て来る呼び名はどれも響きの上で通じるところがありますから、やはり鳴き声の擬音なのでしょう。また、意味の上でも「獲穀」は穀物を取り入れる(獲＝穫)こと、「撥穀」は穀物の実を払い落とすことといった具合に、ここでも農作業と関連が深い漢字が使われています。それぞれの地方で、カッコウが鳴き始める時期に合わせて、いろいろな聞きなしをしたのでしょう。

なお、日本語では、「布穀鳥」を「ふふどり」と読むことがあります。『広辞苑』によれば、「ふふどり」とは「カッコウの古称」だということです。

シジュウカラのカラって何？

【四十雀】

ホトトギスやカッコウは、体長が三〇センチくらいの中形の鳥。そこで次は、一五センチくらいの小形の鳥、初夏に「ツーピー」と鳴くシジュウカラを取り上げましょう。『広辞苑』で調べると、シジュウカラは「スズメ目シジュウカラ科の鳥」。「日本の林地の鳥の代表」だと書いてあります。「背は緑黄、頰と胸腹とは白。胸腹の中央に縦の黒色帯が一本ある」。このネクタイのような黒色の帯は、イラストでもはっきり描かれています。

漢字で書くと「四十雀」。「雀」は、「小」と「隹」を組み合わせた漢字。ニワトリのところ(二一ページ)で説明したように、「隹」は部首としては「ふるとり」と呼ばれ、鳥を表します。つまり、「雀」は、もちろん「すずめ」と訓読みして、『広辞苑』が「スズメ目スズメ科の鳥」で「人の住む土地にはほとんどどこにも棲」むと説明するスズメを表す漢字ではありますが、もともとは小さな鳥全般を指すのです。「四十」はともかく、シジュウカラを書き表すのに「雀」が用いられているのは、そのためでしょう。

「四十雀」と似たような名前の鳥はたくさんいます。『広辞苑』の見出しから拾い出してみると、「小雀」はコガラ、「日雀」はヒガラ、「山雀」はヤマガラ。これらはみんなシジュウカラ科の鳥です。また、ゴジュウカラは「スズメ目ゴジュウカラ科の鳥」で、漢字では「五十雀」と書き表します。このほか、『広辞苑』には載っていませんが、鳥類の専門家の世界には、これらの鳥の総称として「カラ類」ということばがあるそうです。

これらを見ると、「雀」を「から(がら)」と読んでいるように思えます。しかし、漢和辞典を調べても「雀」にそんな読み方はありませんし、『広辞苑』にも「雀」単独で「から」と読むことばは収録されていません。

この点に関して、民俗学者の柳田国男は、『野鳥雑記』という著書の中で、大昔の日本語では「クラという名詞が、本来漢字の雀の如く」「弘く色々の小鳥を総括していたらしい」と述べています。シジュウカラの名前の由来についても、「単にシジュウと啼くクラというまで」だとおっしゃっていますが、シジュウカラの鳴き声は、はたして「しじゅう」と聞こえるものかどうか。それはともかく、「五十雀・山雀・

小雀、いずれも雀の字をガラと訓《よ》んでいるのは、クラと原《もと》一つであると見て大抵誤りはあるまい」とのことです。

この柳田説を受け入れるとしても、そういうとても古い日本語を国語辞典に載せるべきかどうかは、また別問題でしょう。ただ、漢和辞典についていえば、これだけたくさんの鳥の名前に使われているのですから、「雀」の訓読みとして「から」を示してもいいように思います。

なお、「四十雀」や「小雀」「日雀」などは、日本語独自の熟語。中国語では、シジュウカラ科の鳥の総称として「山雀」を使います。となると、日本語の「山雀《やまがら》」との関係が気になるところですが、おそらく、山でよく見かける小さな鳥というところから、日中で別々に名づけたものでしょう。

青いカワセミと赤いカワセミ

【川蟬・翡翠】

次に取り上げるのは、シジュウカラより少し大きくて、夏の水辺で涼しげな姿を見せてくれるカワセミです。『広辞苑』によれば、漢字での書き表し方は、「川蟬」か「翡翠」。「ブッポウソウ目カワセミ科の鳥」で、「尾は短く、嘴《くちばし》は鋭くて長大」。なんといっても特徴的なのは体の色で、「上面は暗緑青色、背・腰は美しい空色で、「空飛ぶ宝石」とも称される」と書いてあります。

説明の末尾には、別名として「ヒスイ。ショウビン。ソニドリ」が挙がっています。このうちの「ヒスイ」は、「翡翠」の音読み。「ヒスイ」というと、昔から装身具として愛好されてきた宝石を思い浮かべる方もいらっしゃるかもしれませんが、「翡」も「翠」も部首が「羽(はね)」であるところにも現れているように、本来の「翡翠《ひすい》」は、鳥の方。『広辞苑』の「翡翠《ひすい》」の項目でも、「鮮やかな翠緑色を呈し、緻密で光沢がある」という宝石としての意味は④で、①は「カワセミの異称」となっています。そして、注目すべきこと

に、そこには「雄を「翡」、雌を「翠」という」ともあります。

雄と雌で漢字が違うとするこの説は、二世紀の中国の学者、王逸《おういつ》が唱えて以来の定説。ただ、「麒麟」「鳳凰」「鴛鴦」のところ(一二四〜一三〇ページ)で触れたように、ひねくれ者の私としては、眉にたっぷり唾を付けたい気分になります。

現代中国語では、「翡翠」は「フェイツウェイ」のような発音。日本語の「ちらほら」と同じように脚韻を踏んだことばなので、元は擬音語・擬態語なのではないかとも思われます。日本語では「キィー」「ツィー」などと表現されるカワセミの鳴き声は、「ヒィースィー」と聞こえないでもありません。

ところで、王逸より前、一世紀末ごろに作られた『説文解字《せつもんかいじ》』という辞書には、「「翡」は「赤雀」で「翠」は「青雀」だ」と書いてあります。つまり、カワセミには青いもののほかに赤いものもいるというわけですが、赤いカワセミと聞いて思い出すのは、アカショウビンです。

『広辞苑』で見ると、アカショウビンは、漢字で書くと「赤翡翠」と書いて「しょうびん」と読むのにはちょっとびっくりですが、先に触れたようにショウビンはカワセミの別名ですから、それは「ぬか驚き」とでもいうもの。「カワセミの一種」で、「背は朱色、腰は瑠璃《るり》色、腹面は黄褐色、嘴《くちばし》は長大で赤色」。イラスト(右)も載っているのでカワセミの項目のもの(左)と比べてみましょう。姿形はよく似ていて、これで片方が青色でもう片方が赤色だというのであれば、それぞれを「青雀」「赤雀」と呼んだとしても不思議はないように思われます。

とはいえ、『説文解字』がいうところの「翡」がアカショウビンではないかと考えるのは、私がこじつけているだけのような気もします。しかし、「翡翠」の二文字のうち、「みどり」と訓読みして使われるのが「翠」つまりは「青雀」だけで、「赤雀」の「翡」は緑色を指して使われることがないのには、何かしらの意味があるのかもしれません。

カエルの指先の吸盤に注目！

【蛙・蛤・蝦】

さて、初夏といえば田植えの季節。水を張った田んぼに植えられた稲の苗が、やがて青々と育っていきます。そんな時期になると、前に取り上げたオタマジャクシ（五〇ページ）が成長してカエルとなり、独特の鳴き声で大合唱を聞かせてくれるようになります。

カエルについて『広辞苑』で調べてみると、「カエル目（無尾類）の両生類の総称」。「後肢は大きく、指に水かきをもち、跳躍や泳ぎに適する」とか、「鳴囊《めいのう》をもち、良い声で鳴くものもある」とかいうのは、よく知られた特徴。ここでは、トノサマガエルの項目に載っているイラストをお見せしておきましょう。

「かえる」を漢字で書きなさいといわれれば、だれだって「蛙」と書くでしょう。ところが、『広辞苑』ではこのほかに「蛤」と「蝦」も挙げています。一般に、「蛤」は「はまぐり」と、「蝦」は「えび」と訓読みする漢字として知られています。ところが、『広辞苑』に限らず、大きな国語辞典であれば、カエルを書き表す漢字として「蛤」や「蝦」を掲げているものはめずらしくありません。どうしてなのでしょうか？

漢和辞典を調べてみると、「蛤」にも「蝦」にも、実はカエルという意味があります。そういえば、「蝦蟇《がま》」とはいわゆる「がまがえる」のこと。「蝦」にカエルを指す用法があったとしても、不思議ではありません。

もう一つの「蛤」ですが、この漢字は古い中国語では「蝦」と発音が似ていたため、「蝦」の代わりに当て字的に使われることがありました。「蛤」の音読みは「こう」ですが、平安時代のころの発音に基づくいわゆる旧仮名遣いでは「かふ」。「蝦」は「か」と音読みしますから、それなりに似ていますよね。音読みとは昔の中国語の発音が日本語風に変化したものであることを考えると、「蛤」と「蝦」の発音が似ていたというのも、なんとなくわかります。

つまり、「蛤」と「蝦」は、カエルを表す場合に限っていえば、同じだと考えて差し支えないという次第。となると、これらと「蛙」との違いが気になります。その点について、明治の中ごろに出版された、初めての近代的な国語辞典、『言海《げんかい》』では、アマガエルのように指の先に吸盤があるものを「蛤」、トノサマガエルのように吸盤がないものを「蛙」と区別していま

す。カエルにそんな区別があるなんて初めて知りましたが、『広辞苑』のトノサマガエルのイラストには、確かに吸盤は描かれていませんね。とはいえ、この使い分けの根拠ははっきりしません。

一方、一二世紀の初めごろに中国で作られた『本草衍義《ほんぞうえんぎ》』という書物では、「鳴き声が大きいときは「蛙《あ》」と聞こえ、小さいときは「蛤《こう》」と聞こえる」と述べています。これもそう簡単には信じられない説ですが、昔の中国の人々は、カエルを指す際、何らかの意識をもって「蛙」と「蛤＝蝦」を使い分けていたのでしょう。

ところで、漢和辞典的にいうと、「かえる」と訓読みできる漢字には、ほかに「鼃《あ》」もあります。この字の右半分に見られる「黽」は、甲骨文字では図のような形をしていて、カエルの絵から生まれた漢字だと考えられています。そこで、「おおがえる」とか「あおがえる」と呼ばれる部首になるのですが、字の形がさすがに複雑すぎですよね！

そこで、「鼃」の場合は、部首をより簡単な「虫(むしへん)」に置き換えた「蛙」の方がよく使われるようになって、現在に至っているというわけです。

アメンボとミズスマシの混乱

【水黽・水馬】

初夏のいいお天気に誘われて、池のほとりなどに出かけてぼんやりしていると、透き通るような青空を映した水面に、急にかすかな波が広がるのを目にすることがあります。こんなにいいお天気なのに雨でも降ってきたのかと思いきや、さにあらず。よく見ると、アメンボが水の上を気持ちよさそうに滑っているのです。

『広辞苑』によれば、アメンボとは「カメムシ目アメンボ科の昆虫の総称」。「脚は長く、先には毛が生えていて水上に浮かんで滑走」するのは、ご存じの通り。わざわざ「飴のような臭いを出す」と書いてありますから、「あめんぼ」という名前の由来はここにあるらしく、雨とは関係がないようです。

漢字での書き表し方として挙がっているのは「水黽」。ただし、一般的には「水馬」も知られています。これについて『広辞苑』では、ミズスマシの項目に「②(「水馬」とも書く)アメンボの俗称。特に俳句などでいう」と説明があります。アメンボには「みずすまし」という呼び方もあって、「水馬」はそちらの場合の漢字での書き表し方だというのが、『広辞苑』の立場なのでしょう。

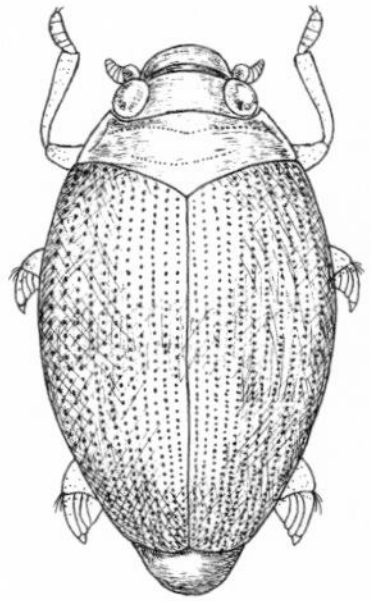

「水黽」も「水馬」も、もともとは中国語でアメンボを指すことば。現在の中国語でも、この二つはどちらもアメンボを表します。ただ、一六世紀の中国で作られた『本草綱目』という一種の百科事典には、「水黽」またの名を「水馬」について、「体は扁平で腹が大きく、背中が硬い」という記述があります。これだと、アメンボというよりはミズスマシっぽいですよね。

そこで『広辞苑』のミズスマシの項目に戻ると、漢字では「水澄まし」と書き、①の意味は「ミズスマシ科の甲虫の総称」。「紡錘形で、背面は隆起し、黒色で光沢がある」とあります。イラストを見ると、ますます『本草綱目』の説明に近く感じられます。

ここで、先ほどカエルのところでお目にかけた、「黽」の甲骨文字（八〇ページ）を思い出してください。あれは、カエルの絵に見えなくもないですが、ミズスマシの絵にも見えますよね。「水黽」は、ミズスマシを表すのにふさわしいように思われます。

一方、アメンボは、六本の足を踏ん張って、細長い胴体を水面から離して立っています。その姿をウマにたとえて「水馬」と表現するのは、いかにもぴったり。とすれば、そもそも「水黽」と「水馬」が同じ虫を指すとするところに、無理がありますまいか。……などといったところで、中国語でも日本語でも、この二つがアメンボを指して使われているという事実は変わりません。そこには何かの事情があるのでしょう。

ちなみに、現代中国語ではミズスマシのことを「豉虫《チーチョン》」といいます。「豉」はみその一種を表す漢字ですが、ここでは大豆そのものを指すのでしょうか。大豆のような虫というのも、それはそれで、ミズスマシを表すのにはなかなかよくできた表現です。

ヒキガエルの不思議な逆転

【蟇・蟾蜍・蝦蟇】

ところで、先ほどカエルのところでちょっと触れた「がまがえる」ですが（七九ページ）、『広辞苑』によれば、これは「ヒキガエルの別称」。そこでヒキガエルの項目を見ると、「ヒキガエル科のカエルの一種」だとのこと。「体は肥大し、四肢は短い」のに加えて、「動作は鈍く、夜出て、舌で昆虫を捕食」とまで書いてあるので、イメージがよくつかめます。

漢字での書き表し方としては「蟇」と「蟾蜍」が挙げられていて、説明のおしまいの方には「ヒキ。ガマ。ガマガエル」などと別称が並べてあります。このうちのガマの漢字での書き表し方が「蝦蟇」であることは先ほど述べた通りですが、『広辞苑』のそれぞれの項目を見ると、ヒキもガマガエルも漢字では「蟇」と書き表すと示されています。

これを漢字の側から整理すると、「蟇」は、「ひき」とも「ひきがえる」とも「がまがえる」とも読めることになります。一方、これに「蝦」を付け加えた「蝦蟇」は、「がま」としか読まないわけです。仮名で書くと「がま」は二文字で「がまがえる」は五文字なのに対して、漢字にすると「蝦蟇《がま》」と「蟇《がまがえる》」になってガマガエルの方が短くなるという、不思議な逆転現象が起こっているのです。

実際問題としては、「蟇」の一文字を「がま」と読んだり、「がまがえる」を「蝦蟇蛙」と書き表したりしてもOK。文句をいうのはこうるさい辞書編集者くらいでしょう。

ただ、辞書では「がま」を「蝦蟇」と書き表すのにこだわる傾向があり、それにはそれなりの理由があります。それは、「がま」は「蝦蟇」の音読みだということ。音読みとは昔の中国語の発音が変化したもの。つまり、「蝦蟇」はもともとは中国語なのです。

中国語では、古くは「蟇」だけでガマガエルを指していました。ただ、一文字だけだと落ち着かないのか、それにカエルという意味を持つ「蝦」をかぶせて「蝦蟇」が生まれ、それが日本に伝わって「がま」という日本語になったわけです。

ところが、日本語では「がま」だけだとカエルの感じがしないというわけで、「かえる」が付け加わって「がまがえる」の誕生と相成ったのでしょう。その「がまがえる」が先祖返りして「蟇」の訓読みになった、という次第。なんともまわりくどいお話ですね。

さらには、「がまがえる」は「ひき」「ひきがえる」とも呼ばれるところから、「蟇」は「ひき」「ひきがえる」とも訓読みされているわけです。訓読みとは、漢字の意味を日本語で表現するものですから、かくも融通無碍なのです。

昔のカタツムリの食べ方とは？

【蝸牛】

さて、初夏の青空を楽しめるのはつかのまで、やがて日本列島の大部分は梅雨前線の影響のもとに置かれます。この時期、雨上がりによく見かける動物といえば、カタツムリ。『広辞苑』でも、「陸生有肺類巻貝の一群の総称」で、「五〜六階から成る螺旋《らせん》形の殻があり、大部分は右巻」。「湿気の多い時、または夜、樹や草にはいあがって若葉などを食う」と説明しています。

漢字での書き表し方は「蝸牛」。これは、もともとは中国語でカタツムリを指すことば。そこで、「かぎゅう」と音読みすることもあります。

「蝸牛角上《かぎゅうかくじょう》の争い」とは、『広辞苑』によれば、「(蝸牛の左の角《つの》に国をもつ触《しょく》氏と右の角に国をもつ蛮《ばん》氏とが互いに戦い数万の死者を出したという寓話から)大局から見ると意味のないような小さい事柄で争うこと」。紀元前三世紀ごろにまとめられたと思われる、『荘子』に由来する故事成語です。

ただし、『荘子』の原文には「蝸牛」は出て来ず、単に「蝸」とあるだけ。つまり、「蝸」だけでもカタツムリを表すのです。一文字だけだと頼りないので、角が生えているとかゆっくり移動するとかいった特徴を捉えて、後になって「牛」を付け加えたのでしょう。「蝸」の成り立ちについては、形の似た「渦《うず》」を思い出せば、例の「螺旋形の殻」に由来していることは明らかでしょう。とはいえ、だとしてもカタツムリに限る必然性はないわけで、巻き貝であればなんでもよさそうに思われます。

実際、紀元前数世紀の昔の中国の風習を伝える書物、『礼記《らいき》』には、「蝸醢《かかい》」という食べ物が出て来ます。「醢」とは、塩辛を指す漢字。エスカルゴを思えばカタツムリを食べてもおかしくはないですが、あれは火を通して食べるもの。塩辛だというからには、こちらは生のまま発酵させているのでしょう。個人的には、この「蝸」はもっと食べやすそうな別の巻き貝を指していて欲しいなあ、と思います。

なお、水の流れが作り出す「渦」は、中心に近づくにつれて水面が低くなっていきます。「眼窩《がんか》」とは、眼球がはまっている頭蓋骨のくぼみ。「鍋」だって、ふつうは真ん中が一番低くなっているもの。このように、「咼」には真ん中が凹んでいるイメージがあります。とすれば、「蝸」も、殻の中にもぐりこんでいく側の立場で作られた漢字なのかも……、などと考えるのも、ちょっとした楽しみです。

風流なホタルも元はというと……　【蛍】

私は人生の経験に乏しく、一度見てみたいと思いながら見たことがないものがたくさんあります。その一つが、ホタル。毎年、梅雨入りのころになると手近なホタル祭りを探すものの、結局、重い腰を上げないまま五十代半ばになってしまいました。

ホタルについて『広辞苑』で調べてみると、漢字ではもちろん「蛍」と書き、「ホタル科の甲虫の総称」。「多くは腹端に発光器をもち、夜間、青白い光を点滅する」ので、日本では「古来蛍狩の対象として親しまれる」とあります。

そんな風流なホタルについて、中国では奇妙な言い伝えがあります。ホタルは腐った草が変化したものだ、というのです。そのことを表すのが、「腐草為蛍(くされたるくさほたるとなる)」。「立春」から始まる二十四節気をさらに三つずつに分けて風物の移り変わりを示した七十二候の一つです。

七十二候の元ネタは、先ほど、カタツムリのところ(八七ページ)でも出て来た中国の古典、『礼記』で、「腐草為蛍」はその中の旧暦の六月について書かれた部分に出て来ます。この言い伝えには、二千数百年に及ぶ伝統があるのです。

ところが、だいたい『礼記』と同じころに書かれたと思われる『呂氏春秋《りょししゅんじゅう》』や『淮南子《えなんじ》』といった書物では、腐った草が変化して生まれるのは「蚈」になっています。漢和辞典を調べると、これは「けい」と音読みしてホタルを表す漢字。ただしそのほかに、「けん」と音読みしてヤスデを指すこともあります。

そこで『広辞苑』を見てみると、ヤスデは「ヤスデ綱の節足動物の総称」。加えて「暗湿な場所に潜み、多くは腐植食性」ともありますから、腐った草が変化したものだ、と昔の中国の人が考えたとしても、不思議はありません。

つまり、「腐草為蛍」の「蛍」は、本来は「蚈」でヤスデのことを指していたのかもしれません。とはいえ、腐った草がホタルになるというのも、何やら鬼気迫る雰囲気があって、捨てがたい味わいがありますけれど……。

なお、『広辞苑』によれば、ヤスデの漢字での書き表し方は「馬陸」。中国語での呼び名に由来するものですが、どうしてこんな漢字で表すのかはわかりません。『広辞苑』のヤスデの項目にはイラストも載っていますが、見ていてあまり気持ちのいい動物ではないので、お見せするのは控えておくことにいたしましょう。

ウさん、恨まないでね

【鵜・鸕鷀】

蛍狩りは、初夏から梅雨のころにかけての夜の風物詩。となれば、次に取り上げるべきは、やはり夏の夜の風物詩、鵜飼のウでありましょう。

『広辞苑』によれば、ウは「カツオドリ目ウ科の水鳥の総称」。「頸は細長く全身黒色」で「巧みに潜水して魚を捕食する」。その特技を人間に利用されて、鵜飼では、首の付け根を縄でくくられ、せっかく飲み込んだ魚を吐き出させられるというわけです。

鵜飼はとても古くからある日本の漁の方法で、七世紀の前半に中国でまとめられた『隋《ずい》書《しょ》』の「倭国伝」と呼ばれている部分にも紹介があります。いわく、「ウの首に小さな輪をつけ、水に潜らせて魚を捕まえさせ、一日に百匹以上を手に入れる」。鵜飼のやり方は、千年以上も前から変わらずに受け継がれてきたのですね！

隋は、六世紀の終わりから七世紀の初めにかけて中国を支配した王朝で、かの聖徳太子が遣隋使を送ったことで有名。『隋書』は、その歴史を記したいわゆる「正史」の一つですから、当時の中国の人にとって、遠く離れた島国で行われているという鵜飼は、きちんとした記録に残しておきたいと考えるほど印象に残る漁の方法だったのでしょう。

ただ、『隋書』では「鵜」という漢字は使われず、「鸕鷀《ろじ》」という二字熟語が出て来ます。実は、中国語でウを表すのはこのことば。ウを指して「鵜」を使うのは、日本語独自の用法なのです。

中国語としては、「鵜」はペリカンを表します。『広辞苑』の記述を引くまでもないでしょうが、「ペリカン目ペリカン科の水鳥の総称」で、「嘴《くちばし》は長大で、下嘴にある大きな袋を使い魚を水とともにすくい上げる」というあの鳥です。

「鵜」という漢字は、紀元前七世紀ごろまでの詩を収めた現存最古の漢詩集、『詩経《しきょう》』の一編にも使われています。ということは、当時の中国にもペリカンがいて、その餌の取り方も知られていたのでしょう。紀元後三世紀の終わりごろに作られたその注釈書には、「鵜」について、「あごの下に大きな袋があって、川の中に魚がいると水と一緒にその袋ですくいあげる」という記述があります。昔の日本人は、それを鵜飼のウに当てはめて、「鵜」を「う」と読むことにしたのではないでしょうか。

ウからしてみれば、日本人には獲物を横取りされるだけでなく、本来とは違う漢字まで当てられたという次第。けっこう迷惑がっているかもしれません。

由緒正しいハエの話

【蠅】

湿気の多い時期になると、ハエがぶんぶん飛び回ります。『広辞苑』によれば、ハエとは、「ハエ目短角亜目に属する昆虫の総称。狭義にはイエバエ科およびその近縁の科のものを指す」とのこと。漢字では「蠅」と書きます。

「蝿」は、省略して「蝿」と書かれることもあります。この略字は、「縄《なわ》」と似ていますよね。逆に、「縄」は旧字体では「繩」。つまり、「蠅」の右半分と「繩」の右半分は、成り立ちとしては同じものです。

カエルのところで触れたように(八〇ページ)、「黽」は、カエルの絵から生まれた漢字で、時には部首になることもあります。ただ、部首としての「黽」は、カエルだけではなくカメを表すこともあります。「鼈甲《べっこう》」の「鼈」がその比較的わかりやすい例。「鼈」は、訓読みすれば「すっぽん」。「鼈甲」とはスッポンなどのカメの甲羅のことです。

しかし、「蠅」も「縄(繩)」もカエルやカメとは直接の関係はありません。この二つの漢字の成り立ちについて、一一世紀の終わりごろに中国で作られた『埤雅《ひが》』という辞書では、次のように述べています。いわく、「ハエが前脚をこすり合わせているようすは、縄をより合わせているように見える。だから、「縄」には「蝿」の省略形が含まれているのだ」。これは、ちょっとおもしろすぎる説というヤツでしょう。

現在の漢和辞典では、「蝿」や「縄」に含まれる「黽」は、節くれ立っているようすを表すとするのが一般的。イラストは『広辞苑』のショウジョウバエの項目に載っているキイロショウジョウバエですが、この胴体を、縄と同じように節くれ立っていると見るのでしょう。

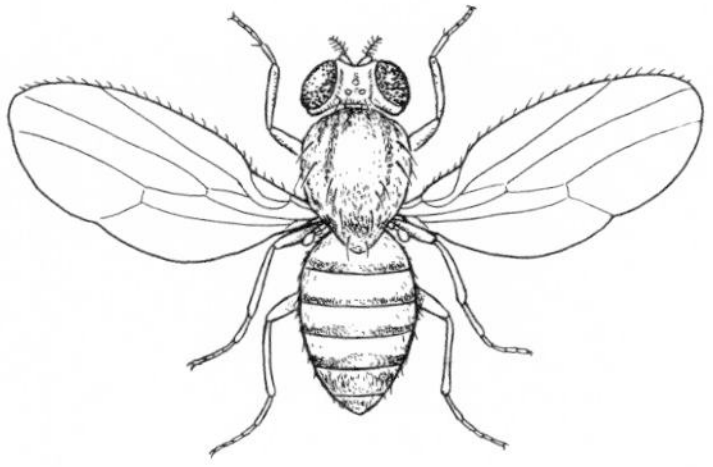

さて、ハエがぶんぶん飛び回り始めるのは、旧暦では五月のこと。そこで、「五月蝿い」と書いて「うるさい」と読むというのは、有名な話でしょう。ただ、「五月蝿」はもともとは「さばえ」と読むことば。『広辞苑』にも「陰暦五月頃のむらがり騒ぐ蝿」として載っています。

これはとても古くからあることばで、『万葉集』の歌人、山《やまの》上憶良《うえのおくら》が、年老いて病気にかかった我が身を悲しみ、子どもたちの行く末を心配してうたった長い歌の中にも出て来ます。

ことことは　死なな　と思へど
五月蝿なす　騒《さわ》く子どもを
打棄《うつ》てては　死には知らず

憶良は「こんなことなら死にたいと思うけれど、騒いでいる子どもたちを捨てて死ぬわけにはいかない」と嘆いているわけですが、ここに出て来る「五月蝿なす」とは、「五月のハエのように」という意味。子どもたちが騒ぐようすが実際にそのようだというよりは、「騒ぐ」にかかる枕詞的に使われています。

「騒ぐ」というのは、「うるさい」音を立てること。つまり、「五月蝿い」と書いて「うるさい」と読むのは、枕詞としての「五月蝿なす」から生まれた用法。地名の「明日香」にかかる枕詞が「飛ぶ鳥の」だから、「飛鳥」と書いて「あすか」と読むようになった、というのと同工異曲の由緒正しい当て字なのです。

カとボウフラの由来をめぐって

【蚊・孑孑・孑孒】

ハエがぶんぶん飛び回るのは、まことにうるさいものです。ただ、音としてはそれよりはるかに小さいのに、時にはその数倍もうっとうしく感じるのは、カの羽音でありましょう。夜、ぶーんというかすかな音が気になって眠れないなんていう経験は、日本の夏の「あるある」でしょう。

『広辞苑』のカの項目にも、「ハエ目カ科の昆虫の総称」云々のあとに、「飛ぶ時、羽音を発する」とわざわざ書いてあります。さらには「雌は人畜を刺しその血を吸」うというのが、カがうっとうしく感じられる理由。「マラリアや日本脳炎などの伝染病を媒介する」というのは怖ろしい話ですが、そこまではいかなくても、あのかゆみだけでも厄介ものの扱いされるには十分です。

漢字で書くと、もちろん「蚊」。この漢字の成り立ちについては、ぶーんと飛ぶから「文」が付いている、という説が有名です。ほかにも学説はありますが、あの羽音のうる

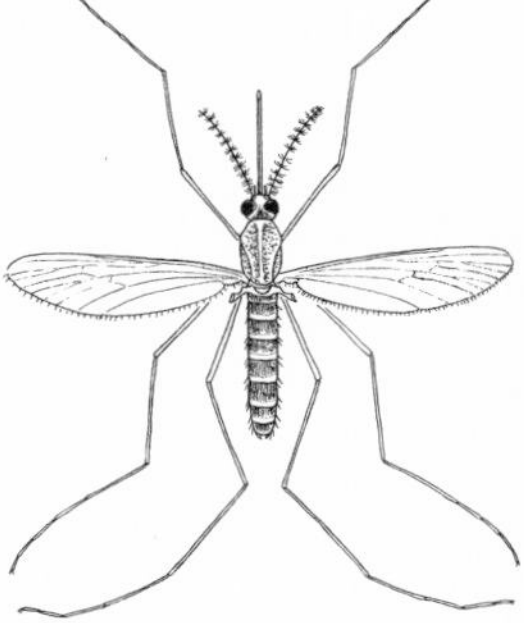

ささを考えると、真偽はともかくこの説を支持したくなりますよね。図はアカイエカの項目に載っているイラストですが、体にくらべて羽が意外と小さいのに驚きませんか？　この小さな羽をものすごい速さで羽ばたかせるからこそ、あのうざったい音が出るのでしょう。

カの羽音からは、「蚊雷《ぶんらい》」という熟語も生まれています。『広辞苑』の説明を引けば、「多く集まった蚊の声を雷になぞらえていう語」。雷にたとえるのはいくらなんでもおおげさですが、気持ち的にはよくわかります。

ところで、カにまつわる漢字の話として、ぜひとも取り上げておきたいのがボウフラです。『広辞苑』によれば、ボウフラは「カ(蚊)類の幼虫」。「多く汚水中にすんでいて「盛んに運動し」、「水面で羽化して成虫となる」。漢字での書き表し方としては、「孑孑」と「孑孒」という、めずらしい漢字が掲げられています。

「孑孑」は本来、「けつけつ」と音読みする中国語由来の熟語。「孑孒」も同じく中国語由来で、音読みすれば「けつきょう」です。このうち、中国語でボウフラを指しているのは「孑孒《けつきょう》」の方。「孑孑《けつけつ》」はぽつんと残っているようすをいうことばなので、ボウフラに対して使うのはもともとは誤用だったのでしょう。

気になるのは、「孑孒」がどうしてボウフラを指すようになったのかということ。古代文字での「孑」は、横棒が右側には突き出ない形をしていて、右腕がないことを表すと解釈されています。「孒」の方は、左腕がないこと。なるほど、ボウフラには右腕も左腕もありません。しかし、そういう虫はほかにいくらでもいます。「孑孒」という字の形が、体を左右にくねらせて盛んに運動するボウフラの姿を思わせるのが、この二文字でボウフラを表すようになった理由であるように思われます。

なお、漢和辞典を調べると、ボウフラを表す漢字としては「蜎《けん》」もあります。三世紀の中国で作られた『広雅《こうが》』という辞書には、「孑孒は蜎なり」とあります。この説明のしかたからすると、「孑孒」よりも前から「蜎」は使われていたのでしょう。「孑孒」は、『広雅』が作られる前にだれか洒落っ気のある中国人が生み出したもののような気がしてなりません。

仲間はずれのコウモリとハリネズミ

【蝙蝠・蝟】

この章の最後に取り上げる動物は、鳥に似て鳥に非ず。『広辞苑』によれば、「コウモリ目(翼手類)の哺乳類の総称」で「哺乳類で唯一よく飛ぶ」という、コウモリです。夏の夕暮れ時に飛び回って力をたくさん食べるので、「蚊食い鳥」という別名もあります。

漢字で書くと「蝙蝠」。「翡翠」(七六ページ)に倣えば、これにも雌雄で漢字を使い分けるのだという人があってもよさそうですが、そういう話は聞いたことがありません。「蝙」「蝠」を音読みすると、それぞれ「へん」「ふく」でハ行音のくり返し。日本語でタヌキがおなかを叩く音をいう擬音語、「ぽんぽこ」がパ行音をくり返すのと似た形になっていますから、元は中国語の何らかの擬音語・擬態語だったかと考えられます。

「蝙」の右半分の「扁」には、「扁平《へんぺい》」のように平べったいという意味がありますし、「蝠」の右半分の「畐」は、「幅」などにも見られます。「蝙蝠」は、薄い翼を幅広く伸ばしたようすを表す擬態語から転じた呼び名なのではないでしょうか。

ところで、一世紀の中国の方言辞典、その名も『方言』によると、「蝙蝠」とは中国西部での呼び方で、東部では「服翼《ふくよく》」といったそうです。「服」には身につけるという意味がありますから、これは翼が付いているところから生まれた呼び名なのでしょう。また、「飛鼠《ひそ》」「老鼠《ろうそ》」などとも呼ばれたのだとか。こちらは、頭部がネズミに似ているからでしょう。

そこでふと思うのは、「蝙蝠」の部首が「虫(むしへん)」なのは不思議だということ。空を飛ぶようすを考えれば、「羽」や「鳥」、あるいは鳥を表すもう一つの部首「隹(ふるとり)」が付きそうなもの。そうでなければ、「鼯鼠《むささび》」のように「鼠」でしょう。「虫」は、昆虫のほか、「蛇」「蛙」「蜆《しじみ》」「蟹」のように、爬虫類・両生類・貝類・甲殻類なども含む、ふところの広い部首です。ただ、哺乳類はまれで、「蝙蝠」のほかには「蝟」が挙げられるくらいでしょうか。

「蝟」は、ハリネズミを表す漢字。ハリネズミとは、『広辞苑』によれば「モグラ目ハリネズミ科の哺乳類の総称」。漢字での書き表し方については、見出しのすぐ下のところには「針鼠」しか掲げられていません。しかし、説明の最後に、別名として「蝟」が示されています。漢和辞典によれば、これは「はりねずみ」と訓読みする漢字。音読みでは「い」と読みます。

『広辞苑』が教えてくれるハリネズミの特徴は、「頭頂部と背には針状の毛があ」ること。イラストも載っていて太い毛がたくさん生えているようすが、よくわかります。この特徴から生まれた熟語が「蝟《い》集《しゅう》」で、その毛のように密集することを表します。ただ、現在の日本語で「蝟」が使われるのは、この熟語くらいでしょうか。

多くの動物たちがひしめく部首「虫」の中で、ハリネズミとコウモリが肩身の狭い思いをしていなければいいのですが……。

それはともかく、ハエやカが飛び回って、コウモリも活動する時期になると、本格的な夏の到来です。章を改めて、盛夏の動物たちを眺めてみることにしましょう。

Ⅳ　盛夏、灼熱の太陽の下で

ツッコミどころの多いカブトムシ

【兜虫・甲虫】

梅雨が明けるころ、学校では夏休みが始まります。夏休みといえば、子どものころ、麦わら帽子をかぶって虫取り網を片手に、野山を駆けめぐった方も多いでしょう。そこでこの章は、まず、そんな少年少女を惹きつけてやまない昆虫たちから始めてみましょう。

昆虫の王者といえば、なんといってもカブトムシ。『広辞苑』によれば、カブトムシは「コガネムシ科の甲虫」。「雄は頭上に先の割れた長い角状突起をもつ」のがご自慢で、「かぶとむし」という名前も、「角の形が兜《かぶと》の前立てに似るからいう」。そこで「兜虫」と書くわけですが、漢字での書き表し方としては、「甲虫」も挙げられています。

この「甲虫」には、漢和辞典的には二つばかりツッコミどころがあります。一つは、音読みで「こうちゅう」と読むと別のことばになってしまうこと。『広辞苑』で「甲虫《こうちゅう》」の項目を見ると、「コウチュウ目の昆虫の総称」。「コウチュウ目」はこの項目の子項目になっていて、「昆虫の一目」で「オサムシ・ゲンゴロウ・コガネムシ・コメツキムシ・カミキリムシなど」が含まれると説明されています。

ここに出て来るコガネムシが親分になってコウチュウ目のコガネムシ科ができていて、カブトムシはその一員。つまり、「甲虫」は音読みならば親分が属する組織の名前で、訓読みならば子分の名前になるという次第。なんともおもしろい現象です。

ツッコミどころのもう一つは、「甲」は実は「かぶと」ではないこと。試みに、『広辞苑』で「かぶと」の項目を調べてみましょう。そこに漢字での書き表し方として示されているのは「兜」と「冑」だけで、「甲」の姿はありません。ただ、「頭部を保護するためのかぶりもの」と始まる解説の終わりの方に、「誤って甲《よろい》の字をあてることも多い」と注意書きがあります。

実は、「甲」は「よろい」を意味する漢字。『広辞苑』でも、「よろい」の項目には、漢字での書き表し方として「鎧」と共に「甲」が示されています。

「よろい」とは、「胴や胸を防護する武具」。「よろい」と「かぶと」を合わせて指す「甲《かっ》冑《ちゅう》」という熟語がありますが、中国では「甲＝よろい、冑＝かぶと」だったものを、日本では逆に理解してしまったらしいのです。

こうなってくると、「かぶとむし」を「甲虫」と書くのはもうやめてしまってもよささうなもの。とはいえ、字形が単純で書きやすいから捨てがたいのでしょうね。

【蟬】

セミはいつから日本にいるのか?

夏休みの虫取りでは、セミも大人気。『広辞苑』によれば、セミは「カメムシ目セミ科の昆虫の総称」で、具体的には「クマゼミ・アブラゼミ・ヒグラシ・ツクツクボウシなど」が含まれるとのこと。「雄は腹面に発音器を持ち、鳴く」というその鳴き声を浴びるほど耳にした夏の思い出を、誰でも持っていることでしょう。

漢字での書き表し方は「蟬」。右半分に見える「單」は、「単」の旧字体で、紀元前一三〇〇年ごろに使われていた最も古い漢字の祖先、甲骨文字では、図のような形をしています。これが何を表しているかについては、網のような道具だとか、先が二股に分かれた武器だとか、羽根飾りをつけた盾だとか、いろいろな意見があってまさに諸説紛々としています。

ただ、「蟬」の方から考えた場合には、網のような道具だと考える説が最も都合がよさそう。なぜなら、昔から中国では、網のように薄く広がっているもののたとえとして、セミの羽が使われてきたからです。『広辞苑』にも、「蟬《せみ》の羽のようにすきとおって美しく見える」ところから「美人の髪」をいう、「蟬鬢《せんびん》」という熟語が載っています。クマゼミの項目に載っているイラストでもわかるように、セミは確かに薄い羽が特徴ですよね。

　とはいえ、それはあくまで「蟬」を主体にして考えた場合。「単（單）」を含む漢字はほかにも「戦」「弾」「禅」のほか、「はばかる」と訓読みする「憚《たん》」、「瓢簞《ひょうたん》」の「簞」、開くことや明らかにすることを表す「闡《せん》」などたくさんあって、そのすべてをうまく説明するのは、なかなかむずかしそうです。

　ところで、興味深いのは、『広辞苑』では「せみ」の語源について、「「蟬」の漢音が和音化したものという説と、鳴き声によるという説とがある」と注記していることです。「漢音が和音化した」というのは、音読みが変化して「せみ」という日本語が生まれた、ということ。この点について、江戸時代前期の学者、貝原益軒《えきけん》は、『日本釈名《しゃくみょう》』という本で、「蟬」の音読み「せん」は古くは「せむ」で、その「む」が「み」に変化したのが「せみ」だ、という意味のことを述べています。

音読みが語源だと考えられている日本語は、ほかにもあります。『広辞苑』では、たとえば「うま」は「「馬」の字音マによる語という」。「うめ」は「「梅」の呉音メに基づく語」。ほかにも「ぜに」は、「銭」の「字音センのンを「に」で表記したもの」、「ふみ」は「「文」の字音フンからか」といった具合です。

これらの語源説が正しいとすると、漢字が日本に伝わるより前には、日本語にはこれらのことばはなかったことになります。ウマやウメは中国から渡ってきた動植物ですから、日本へと伝来するときに漢字も付いて来たのかもしれません。日本で最初の「銭」は和同《わどう》開珎《かいちん》で、七〇八年に中国の貨幣にならって発行されたもの。「ふみ」が文字のことだとすれば、漢字渡来以前にはもちろんなかったことでしょう。

しかし、セミは日本でも化石が見つかっていますから、古くから生息していたはず。当時の日本人にとっては、きちんとした名前をつけるほど身近ではなかったのでしょうか。逆に、あまりにもありふれていたので、特別な名前をつけようとは思わなかったのかもしれません。

テントウムシはだまされない！

【天道虫・瓢虫・紅娘】

昆虫は子どもたちの人気者ですが、中には虫が嫌いだという方もいらっしゃることでしょう。そんな方でも、テントウムシならば、ある程度の好感度を持って受け入れていただけるのではないでしょうか。

『広辞苑』によれば、テントウムシは「テントウムシ科の甲虫の総称」。「半球形、小形で赤や黒の斑点がある」という姿形が愛らしいだけではなく、種によっては害虫を食べてくれるのも、好感度が高い理由です。

漢字では「天道虫」「瓢虫」「紅娘」と書くというのが、『広辞苑』の記述。このうち、最初の「天道虫」は日本語独自のもの。「天道」とは太陽のことで、テントウムシは太陽に向かって飛び立つと考えられた、という説があります。

残りの二つは中国語由来で、「瓢虫」は元は中国語での正式名称、「紅娘」は中国語での別称。「瓢」は「瓢箪《ひょうたん》」にも使われていますが、「ひさご」と訓読みし、ヒョウタンなどの実の中をくりぬいて作った、水やお酒を入れておく容器を指す漢字。「半球形」のテントウムシは、その形がひさごに似ているというのでしょう。ナナホシテントウの項目に載っているイラストを眺めてみると、確かにそのことが実感されます。

それはともかく、ちょっとおもしろいのは、『広辞苑』のテントウムシの項目には、子項目としてテントウムシダマシが付いていること。そういう名前の昆虫がいることを、私は初めて知りました。

テントウムシダマシとは、「①テントウムシダマシ科（テントウダマシ科とも）の甲虫の総称」で、「ややテントウムシに似る」。②として「作物を加害するテントウムシ類の、農業上の別称」ともあります。似ているからにせよ害虫だからにせよ、「だまし」呼ばわりするとは！　テントウムシダマシの方では、人間が勝手にだまされているだけなんだけどね、とうそぶいていることでしょう。

漢字での書き表し方が「偽瓢虫」だというのも、驚きです。「〇〇だまし」という名前がついている動物としては、ほかに「かにだまし」「とりのふんだまし」などがいますが、『広辞苑』が挙げている漢字での書き表し方は、それぞれ「蟹瞞し」「鳥糞騙」。ふりがなを付ける場合にも、「蟹瞞《かにだま》し」「鳥糞騙《とりのふんだまし》」として何の問題もありません。

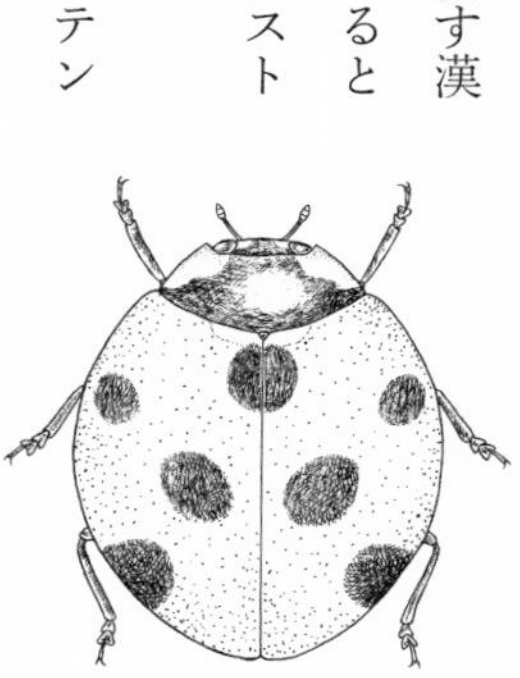

ところが、「偽瓢虫」の場合はそうは問屋が卸しません。「偽」が「だまし」に対応しているのでしょうが、ふりがなを付けるときには、「偽《だまし》瓢虫」とすると「だましてんとうむし」と読むことになってしまいます。漢字三文字をまとめて「偽瓢虫《てんとうむしだまし》」とするしかありませんが、これだと「偽＝てんとう」「瓢＝むし」「虫＝だまし」だと誤解する人もたくさん出て来ることでしょうねえ……。

実は、「紅娘《てんとうむし》」の場合でも、「紅＝てんとう」「娘＝むし」というわけではありません。「紅娘」の二文字をまとめて「てんとうむし」と読んでいるわけです。この本でこれまでに見てきた「鴛鴦《おしどり》」「雲雀《ひばり》」「杜鵑《ほととぎす》」「翡翠《かわせみ》」「蝸牛《かたつむり》」などなども同じこと。漢字とふりがなの対応関係には、こんな例がたくさんあります。「偽瓢虫」はその極端な例なのです。

ゾウの巨体は目立つけど……【象】

さて、夏休みといえば、多くの人が海外にまで出かける旅の季節。そこでここからは、はるかなる熱帯の国で暮らす動物たちを取り上げてみましょう。まず登場してもらうのは、『広辞苑』でも「体は極めて大きく、陸棲哺乳動物中で最大」と謳《うた》っている、ゾウです。ゾウは、「ゾウ目(長鼻類)の哺乳類の総称」で、「鼻は極めて長く、屈伸自在」。漢字で書くともちろん「象」。これは、ゾウの絵から生まれた漢字だと考えられています。実際、漢字の祖先、甲骨文字の「象」は図のように書かれます。現在の「象」の上部の「ク」に相当する部分が長い鼻の形になっていて、横に倒すとゾウの絵になりますよね。

甲骨文字を生み出したのは、紀元前一三〇〇年ごろに黄河の中流域で暮らしていた人々ですが、現在のそのあたりには野生のゾウはいません。しかし、甲骨文字の時代にはまだ気候が温暖で、ゾウが生息していたのです。

ところで、「象」のように絵から生まれた文字のことを「象形文字《しょうけいもじ》」といいます。この場合の「象《しょう》」は、見えるものを写し取るという意味で、「かたどる」と訓読みすることがあります。「象形」とは、「形を象《かたど》る」、つまり形を写し取るということです。

ゾウを表す漢字にそういう意味があるのは、ちょっと意外かもしれません。しかし、「現象」「気象」「印象」「具象的」といったことばは、私たちもよく使いますよね。これらの場合の「象」は、見えるものを写し取るところから転じて、見えるものや感じ取れるものを指していると説明されています。

これらの熟語では、ゾウを意味する場合との混乱を避けるために「しょう」と音読みするのが習慣です。その一方で、この意味は「像」という漢字にも受け継がれていて、その場合には「銅像」「画像」「群像」「実像」など、「ぞう」と音読みしています。

ここで疑問なのは、もともとはゾウの絵から生まれた漢字が、どうして見えるもの云々といった意味をも表すようになったのか、ということ。ゾウは大きくて姿が目立つから、という説もあるのですが、だからといって見えるものを表すようになるものかどうか。見えるものや見えている状態という意味を表す「相」や「様」は、古代の中国語では「象」と発音が似ていたと思われるので、それらの代わりに当て字的に用いたものだという説もあるのですが……。決定打はまだ出ていないようです。

サイのしっぽの特徴は?

【犀】

ゾウと同じく、現在の中国に野生のものはいませんが、漢字が生まれたころには生息していた動物としては、サイも挙げられます。例によって『広辞苑』を調べると、サイは「ウマ目(奇蹄《きてい》類)サイ科の哺乳類の総称」。「皮膚は角質化して固く、特に前頭部の正中には角質化した一または二本の角がある」のが特徴です。

漢字での書き表し方は「犀」ですが、甲骨文字に次いで古い、紀元前一一〇〇年ごろに使われていた漢字の祖先、金文《きんぶん》では、この漢字は図のような形をしています。ゾウの場合もそうですが、こういった古代文字が存在しているということは、それが生み出された当時、中国の人々が少なくともその動物の存在を知っていた証拠になっているわけです。

「犀」は、成り立ちとしては、「尾」と「牛」を組み合わせた形が少し変形したもの。「牛」は、その外見からサイはウシの仲間だと考えられていたことを表すのでしょう。「尾」の方は、発音を表す記号だと昔から考えられてきました。つまり、古代の中国語で

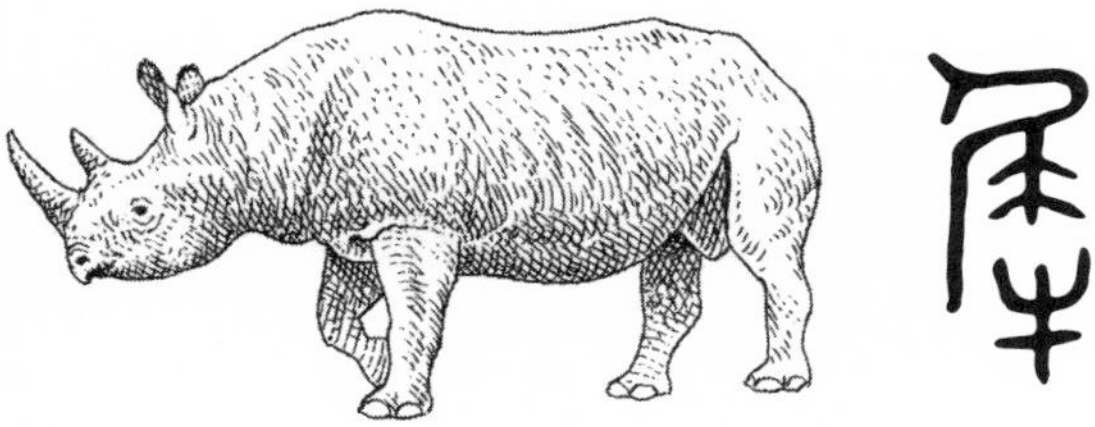

は「尾」と「犀」は発音が似ていたというのです。こういうふうに、発音を表す記号とおおざっぱに意味を表す部分を組み合わせて漢字を造る方法を、「形声《けいせい》」といいます。

ただ、「尾」を音読みすると「び」で、「犀」は「さい」。音読みとは、漢字が日本に伝わってきたころの中国語の発音が変化したものですから、もし、「犀」が、「尾」を発音を表す記号とする形声の漢字なのであれば、もう少し音読みが「尾」に似ていてもよさそうなものです。つまり、この説を成り立たせるためには、「犀」という漢字が生み出されて以降にかなりの発音の変化があった、と想定しなくてはならないのです。

そこで、「犀」に含まれる「尾」は発音を表す記号ではなく、サイの何らかの特徴を表しているのだ、と考える説もあります。このように、複数の漢字を組み合わせ、その意味の掛け合わせで新しい意味を表す漢字を作り出す方法は、「会意《かいい》」と呼ばれています。

ところが、『広辞苑』のサイの項目にあるクロサイのイラストでもわかるように、サイの尾はその巨体に隠れて目立ちません。サイの特徴といえば、『広辞苑』も教えてくれていたように、堅い皮膚か、鋭い角。その特徴を踏まえて、堅くて鋭いことをいう「犀利《さいり》」という熟語もあります。古代中国の人々がサイを表す漢字を作ろうと考えたとき、それらの特徴を差し置いて、わざわざ目立たない尾を大抜擢するなんてことが、はたしてあったものかどうか……。ひょっとして彼らは、私たちの知らないサイの尾のすばらしい点に気づいていたのでしょうか。

というわけで、会意の方法で作られた漢字だと考えても、「犀」の成り立ちがすっきりと説明できるわけではありません。「象」といい「犀」といい、漢字の成り立ちや意味の変化には、はっきりしないことが多いのです。

オランウータンはお酒好き？

【猩猩】

ここでちょっと趣向を変えて、オランウータンに登場していただきましょう。

オランウータンについて『広辞苑』を調べると、「サル目(霊長類)ヒト科オラン‐ウータン属の哺乳類」で、「上肢が長く、直立すると踝《くるぶし》まで達する」。「ほとんど樹上で生活し、動作は緩慢」などと説明されています。東南アジアの島、「ボルネオ・スマトラの森林にすむ」というのですから、今も昔も中国には生息していません。「オラン‐ウータン」ということばはマレー語で、「「森の人」の意」だと注記が添えてあります。

そんなわけですから漢字とは縁がなさそうなのですが、説明の末尾に、「猩々《しょうじょう》」とあります。これは、オランウータンの別名。日本語での別名であるのみならず、現代中国語でのオランウータンの正式な呼び名でもあります。

『広辞苑』には「猩猩《しょうじょう》」という項目もあります。そちらを見ると、①の意味が㋐と㋑の二つに分かれていて、「オラン‐ウータンのこと」と書いてあるのは㋑の方。㋐には、「中

国で、想像上の怪獣」とあります。「麒麟」もそうでしたが(二四ページ)、もともとは想像上の動物の名前だったものが、今では実在の動物の名前として使われているのです。

それでは、想像上の「猩猩」とはどのような動物かといいますと、「体は狗《いぬ》や猿の如く、声は小児の如く、毛は長く朱紅色で、面貌人に類」するというのが、その外見。『広辞苑』のオランウータンのイラストを参照してみると、確かに通じるところがあるようです。

さらには、「よく人語を解し、酒を好む」ともあります。このうち、「酒を好む」というのは有名で、「猩猩」には「②よく酒を飲む人」という意味もあるほどです。

中国では、「猩猩」についての記述は紀元前の昔からありますが、最初からこういう複雑なイメージが描かれていたわけではありません。紀元前数世紀の中国の人々の生活習慣を伝える『礼記《らいき》』にも「猩猩」が出て来ますが、そこには「ことばをしゃべれる」と書いてあるだけ。つまり、『広辞苑』のいう「よく人語を解」するというのが、最も古くから語り伝えられているこの想像上の怪獣の特徴かと思われます。

それに対して、「酒を好む」というのは、もっとあとになってからいわれるようになった性格のようです。七～八世紀ごろにまとめられたいくつかの書物には、中国の西南部、ベトナムと接するあたりに「猩猩」がいるとして、次のような話が記録されています。

――「猩猩」は、酒と履きものが好きである。そこで、数珠つなぎにした履きものと酒を置いておくと、群れを成して近寄ってくる。最初は警戒して、仕掛けた人間の先祖の悪口をいうだけで帰っていくが、やがて戻ってきて、履きものを履いて酒を飲み始める。酔っ払ったところを見はからって人間が出ていくと、彼らは履きものでつながれているので逃げられず、簡単に捕まえることができる。

この動物、どこか抜けているところがあるようですね。

伝説の「猩猩」と実在のオランウータンの間には、顔が人に似ているとか、毛が赤みを帯びているといった類似点があります。しかし、どこかユーモラスな点も、「猩猩」がオランウータンを指して使われるようになった一因なのかもしれません。

ナイル川からやってきたカバ【河馬】

次は、オランウータンと同様に、今も昔も中国には生息していない動物として、カバに登場してもらいましょう。

『広辞苑』によれば、カバは漢字で書くと「河馬」。「ウシ目(偶蹄類)カバ科の哺乳類」で、「サハラ砂漠以南のアフリカに広く分布」。「水中生活に適」していて、「日中は耳と目と鼻孔だけを水面に出して休息していることが多」いというのは、まるで漫画にでも描いたような、いかにもカバらしいイメージです。

おもしろいのは、見出しのすぐ下にかっこ書きで「ドイツ語名 Flusspferd の訳語」とあること。調べてみると、ドイツ語では Fluss が川で、Pferd がウマ。それを漢字に直訳したのが「河馬」だというわけです。

ただし、これには少々異論もあります。「河馬」という日本語は江戸時代の蘭学書に出て来ることから、オランダ語の nijlpaard が語源だというのです。Nijl はナイル川で、

paard はウマ。なるほど、確かにその通りでありましょう。

ところが、話はこれでは終わりません。英語の辞書を調べてみると、英語でカバを意味する hippopotamus だって、ギリシャ語でウマをいう hippos と川を指す potamos に分解できるのだとか。こうなると、「河馬」の語源が何語であるかよりも、ヨーロッパではそういう発想でこの動物の名前をつけていることの方が重要であるように思われます。

ところで、日本語の「かば」が「河馬」の音読みである点も気になります。ヨーロッパのことばから翻訳したのであれば、「かわうま」でもいいですし、その方が、よく水に潜っているというイメージは伝わりやすいはず。実際、例の蘭学書の一つには、「カワムマ」とふりがながなが付けてあるそうです。

もし、「河馬」がもともとは訓読みで「かわうま」と読まれていたのであれば、それがどうして音読みに変わったのでしょうか？　音読みとは、中国語の発音が日本語風に変化したもの。中国語でもカバは「河馬」と書き表しますから、日本語で「河馬」を「かば」と音読みするのは、あるいは中国語に影響を受けた結果なのかもしれません。

それにしても、古代ギリシャ人の発想がヨーロッパのことばに受け継がれているのは当たり前ですが、中国語や日本語にまで痕跡を残しているとは……。ことばとはつくづくおもしろいものですね。

袋を背負って旅するラクダ

【駱駝・橐駝】

ゾウ、サイ、オランウータン、カバ、と熱帯地方の動物を取り上げてきましたが、暑さに強い動物としては、灼熱の砂漠を旅するラクダを忘れてはいけません。

いつものごとく『広辞苑』から引用すると、ラクダは漢字では「駱駝」と書き、「ウシ目ラクダ科ラクダ属の哺乳類の総称」。「背に脂肪質のこぶがあり、養分を貯えるほか、代謝水ともなる」のはいうまでもないでしょう。こぶが二つのフタコブラクダは「中央アジアからモンゴルにいる」とある通り、古くから中国の人々にもなじみがある動物でした。

『広辞苑』の説明の終わりの方には、ラクダの別名の一つとして、「たくだ」というなじみのないことばが挙げられています。そこでこのことばについて『広辞苑』で調べると、漢字では「橐駝」と書き、「ラクダの異称」。「「橐」は袋の意」という注記もあります。この「袋」は、いうまでもなく背中のこぶのことでありましょう。

「駱駝」も「橐駝」も、元は中国語でのラクダの呼び方。古い文献では「駱駞《らくだ》」「橐駞《たくだ》」

「橐他《たくた》」などと書かれることもありますが、読み方はほぼ同じです。つまり、漢字よりも読み方が重要なわけで、おそらくは外国語に対する当て字でしょう。

「橐駝」の場合、「らく」とか「たく」のように聞こえる発音に漢字を当てる際に、「橐」の意味をうまく生かしたのでしょう。「駝」の方は、「駄」と発音が同じで、馬に荷物を背負わせるという意味。こちらも、意味がうまく利用されています。

そこで「駱駝」も意味を生かした当て字だと考えるならば、「駱」とは「絡」のことではないでしょうか。「絡」には、「連絡」「脈絡」のように「つながる」という意味があります。ラクダが何頭もつながって旅する、砂漠のキャラバンが想像されます。

さて、「駱駝」「橐駝」が当て字だったとしても、やがてそんなことは忘れられ、意味の中心は「駝」が担うことになります。たとえば、二〜三世紀ごろ、後漢《ごかん》王朝や魏《ぎ》王朝の時代の中国の都、洛陽にはラクダの銅像が置かれていたと伝わっていますが、これは「銅駝」と呼ばれています。ちなみに、ある記録によれば、この銅像のラクダには「肉の鞍《くら》」が二つあったとのこと。中央アジアからモンゴルにかけて生息していたフタコブラクダと見て間違いないでしょう。

ところで、その後漢王朝の歴史を記した『後漢書』には、一〇一年に、西の方の「安《あん》息《そく》」という国から、「師子」と「大爵《たいしゃく》」が献上されたという記録があります。「師子」とは、

「獅子」のこと（一八ページ）。「大爵」については、後に付けられた注に、「首や胴体から足の先までラクダに似た鳥で、今でいう「駝鳥《だちょう》」のことだ」とあります。

『広辞苑』によれば、ダチョウは「ダチョウ目ダチョウ科の鳥」で、「現存の鳥類の中で最も大きく、高さ二メートル以上」。イラストで見るその姿は、長い首と力強い脚が特徴的で、確かにラクダに似ていなくもありません。

『広辞苑』には「アフリカの草原地方に群棲」とありますが、シルクロードを通って中国にまで運ばれてきたのでしょう。

あいさつになったヘビ　【蛇】

ここでちょっと強引ですが、ヘビを割り込ませておきましょう。ハブやコブラを引き合いに出すまでもなく、ヘビの本場は熱帯地方。日本列島に暮らしているヘビも暑い時期の方が活発で、俳句の世界では「へび」は夏の季語になっています。

いつものようにまずは『広辞苑』から引用すると、ヘビは「有鱗目ヘビ亜目の爬虫類の総称」。「体は円筒形で細長く、小鱗で瓦状に覆われ、肢と肢帯がない」などといかにも辞書らしくこむずかしく表現していますが、あの姿形はみなさん、おなじみでしょう。

漢字での書き表し方は、もちろん「蛇」。部首は「虫(むしへん)」ですが、実は「虫」は、本来は音読みでは「き」と読み、ヘビの一種、マムシを表す漢字。

甲骨文字では図のような形をしています。一方、私たちがよく知っている、音読みでは「ちゅう」、訓読みでは「むし」と読む漢字は、昔は「蟲」と書くのが正式でした。しかし、画数が多いからでしょう、その

略字として「虫」が使われるようになり、現在ではそれが新字体として用いられています。

　というわけで、「虫」はマムシの絵から生まれた漢字だと考えられています。『広辞苑』のマムシのところに載っているイラストをお見せしておきますので、甲骨文字の「虫」と見比べてみてください。いわれてみればどことなく似ているような気もしますよね？

　一方、「蛇」の右半分、「它」も、これだけでもともとはヘビを表す漢字でした。それがのちの時代になると、「ほかのものごと」という意味でも使われるようになります。そこで、ヘビを指す場合には「虫(むしへん)」を、「ほかのものごと」を意味する場合には「亻(にんべん)」を付けて区別するようになったという次第。「亻」を付けた「佗」は、やがて形が変化して「他」と書かれるようになって、現在に至っています。

　それにしても、ヘビを表す漢字がどうして「ほかのものごと」を意味するようになったのでしょうか。その間の事情については、一世紀の終わりごろに中国で作られた『説文解《せつもんかい》字《じ》』という漢字の辞書に、おもしろい話が載っています。それによると、「昔の人々は草むらの中で暮らしていたので、よくヘビにかまれていた。そこで、お互いに「它《た》無きか

（ヘビはいないですよね）」と声を掛け合う習慣があった」とのこと。このあいさつが、やがてヘビを離れて「いつもと違うことはないですよね」という意味で使われるようになり、「它」に「いつもと違うこと」「ほかのものごと」という意味が生じたのだそうです。

ただ、現在の漢和辞典は学術的なので、こんなおもしろい話はあまり載せていません。古代の中国語で「ほかのものごと」を意味することばの発音が、「它」の発音と似ていたので、当て字的に使われたものだと説明するのが一般的です。

ところで、『星の王子さま』の冒頭に、主人公がゾウを飲み込んだ「うわばみ」の絵を描いて、おとなたちに「これ、こわくない？」と訊ねるシーンがあります。『広辞苑』によれば、「うわばみ」とは「大蛇《だいじゃ》」のことで、漢字で書くと「蟒蛇」。「蟒」は音読みでは「もう」と読む漢字で、この一文字だけで「うわばみ」と訓読みすることもあります。

紀元前二世紀ごろに中国で作られた辞書、『爾雅《じが》』には、「蟒」について「王蛇である」と記述されています。なるほど、ヘビの王さまなのであれば、ゾウを飲み込むことだってできるかもしれないですね。

カマキリは勇士のたとえ

【鎌切・螳螂・蟷螂】

さて、夏休みが後半に入っても、熱心な子どもは虫取りを続けていることでしょう。ただ、野山を賑わす昆虫たちの顔ぶれは少し変わっていきます。次に取り上げるのは、カマキリ。夏にもよく見かけますが、俳句の世界では秋の季語になっています。

カマキリについて『広辞苑』で調べると、「カマキリ目の昆虫の総称」。「前肢は鎌状の捕獲肢となり、他の虫を捕らえて食う」と、さらりとワイルドな説明をしています。

漢字での書き表し方として示されているのは、「鎌切」「螳螂」「蟷螂」の三つ。このうち、「螳螂」「蟷螂」は、中国語でのカマキリの呼び名に由来するもの。どちらも音読みすれば「とうろう」で、発音が同じことばを違う漢字で表現しているにすぎません。

「とうろう」は[ou]で脚韻を踏んだ読み方になっています。「翡翠《ひすい》」(七六ページ)や「蝙蝠《こうもり》」(九八ページ)のところでも触れたように、中国語ではこういう熟語には擬音語・擬態語が多く、「螳螂」「蟷螂」も、元はカマキリの何らかのようすを表す擬態語だったのでしょう。

それはそれとして、一六世紀の中国で作られた一種の百科事典『本草綱目《ほんぞうこうもく》』には、「蟷螂」の由来についておもしろい説が載っています。なんでも、「カマキリは前脚を斧のように振りかざして、車輪が迫ってきても正面から当たろうとする。だから「当郎」と呼ばれるのだ」とか。「螳」の右半分に見える「當」は「当」の旧字体。「郎」には男という意味があります。カマキリは危険に正面から立ち向かう男性のようだ、というのでしょう。

これは明らかに、有名な「蟷螂《とうろう》の斧」に引きずられた解釈でしょう。「蟷螂の斧」とは、『広辞苑』によれば、「自分の微弱な力量をかえりみずに強敵に反抗すること」。「小さなカマキリが前脚をふりあげて大きな車に向かってゆく」という話に由来しています。

この大胆不敵なカマキリについては、紀元前二世紀にまとめられた『韓詩《かんし》外伝《がいでん》』という書物が伝えるエピソードが印象的です。昔、ある王が猟に出かけたとき、その車の行く手に一匹のカマキリが現れました。そのカマキリは、車輪に向かって前脚を振り上げて、逃げようともしません。王は「人間であれば勇士に違いない」と感心して、よけて進むように命じました。すると、その評判を聞いた勇士たちが、各地からこの王のもとに集まってきたのだとか。

現在では否定的な意味合いで使われることの多い「蟷螂の斧」ですが、カマキリの向こう見ずな勇気は、けっして無駄になったわけではないのです。

犯人はバッタかイナゴか？

【飛蝗・蝗虫・蝗・稲子】

前脚がワイルドなカマキリに続いては、後ろ脚が力強いバッタを取り上げましょう。『広辞苑』のバッタの項目にも、「バッタ目バッタ亜目に属する昆虫の総称」で、「一般に体は細長く、後肢は発達して跳躍に適する」とあります。

漢字での書き表し方として、『広辞苑』は「飛蝗」と「蝗虫」を挙げています。この両方に使われている「蝗」は、「いなご」と訓読みする漢字。イナゴの項目にも、「稲子」と共に示されています。イナゴは「バッタ科イナゴ属（またはイナゴ科）の昆虫の総称」ですから、バッタの一種。それを表す漢字に「飛」や「虫」が付くとさらに限定された特別なイナゴを指すことになりそうなものですが、逆により大きなカテゴリーのバッタ全般になるわけです。不思議といえば不思議ですよね。

実は、「蝗」はもともとはトノサマバッタを表す漢字なのです。『広辞苑』によれば、トノサマバッタは「イネ科を始め多くの植物を食べる。生息密度が高くなると飛蝗《ひこう》とな

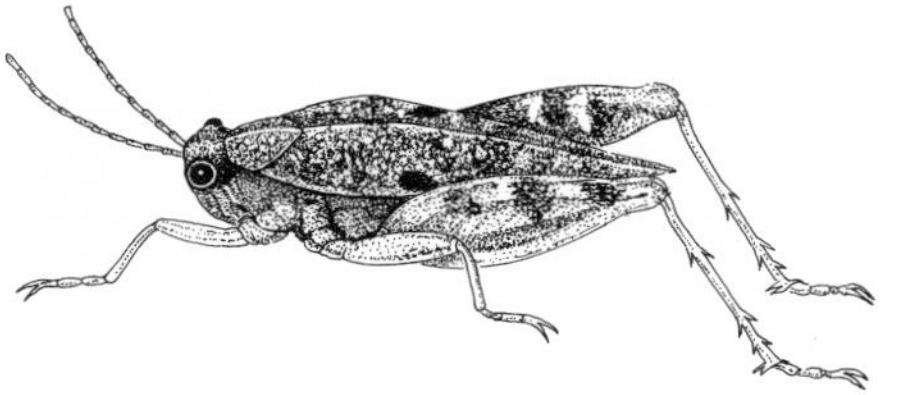

る」。残念ながらイラストは載っていないので、見かけが少しは似ているバッタということで、だいぶ小形ですがヒシバッタのイラストをお目にかけておきましょう。

ここに出て来る「飛蝗」ということばは、バッタの項目にも、「一部の種は農業上有害で、特に飛蝗《ひこう》による被害は著しい」とも出て来ます。このことば、漢字は「飛蝗《ばった》」と同じですが、意味は異なります。『広辞苑』にはもちろん「飛蝗《ひこう》」も載っていて、それによれば、「トノサマバッタ・サバクトビバッタなどが、多数群飛して移動する現象」で、「通過地域の農林作物は惨害を受ける」。これは、中国やアメリカ大陸のような「広大な草原地帯で発生」する災害です。

たとえば、八～九世紀の中国の詩人、白居易《はくきょい》は、「捕蝗《ほこう》」という詩でそのようすを次のように描いています。

雨飛《うひ》し蚕食《さんしょく》す　千里の間
青苗《せいびょう》を見ずして　空しく赤土のみ

大量のバッタが雨粒のように群れをなして飛んできて、カイコがクワの葉を食べるように農作物を食い荒らす。見渡す限り青い苗は跡形もなく、目に映るのはただ赤土ばかり……。そういえば、アメリカの開拓時代の暮らしを描いた『大草原の小さな家』の、ローラ・インガルス・ワイルダーによる原作のシリーズにも、主人公一家の農場がバッタに襲われるエピソードがあります。そのときも農作物は壊滅的な被害を受け、一家は移住を余儀なくされたのでした。

しかし、国土が狭いというのも時にはありがたいもので、日本のバッタはここまでの悪さはしません。日本でイネの害虫として知られるのは、もっと小規模ではありますが、むしろイナゴの方。そこで、中国の文章に出て来る「蝗」による被害のことを、日本ではイナゴによる被害だと勘違いしてしまった、というわけです。

身から出た錆とはいえ、大惨事の犯人に間違えられてしまったイナゴですが、では、イナゴは中国語ではどう書き表すかというと、それがはっきりしません。どうやら中国ではそれほどメジャーな虫ではないようです。

カゲロウだとはわかっているけど……

【蜉蝣・蜻蛉】

トノサマバッタが大群になるのは、繁殖力が旺盛だから。つまり、力強い生命力の現れでもあるわけですが、逆に、命のはかなさの象徴とされるのが、カゲロウです。

いつものごとく『広辞苑』を調べると、カゲロウは、「カゲロウ目の昆虫の総称」。「体も翅《はね》も弱々しく」、「夏、水辺を飛び、交尾・産卵を終えると数時間で死ぬ」。そこで、「はかないもののたとえに用いる」というわけです。

漢字での書き表し方は、「蜉蝣」または「蜻蛉」。ただし、現在では「蜉蝣」を使う方がふつうです。これは、中国語でのカゲロウの呼び名に由来するもので、カゲロウがはかなくもふわふわ飛び回るようすから生まれたものでしょう。音読みでは「ふゆう」と読みますので、「浮遊」の部首をそれぞれ「虫(むしへん)」に置き換えたと考えれば、雰囲気がよくわかるかと思います。

「蜉蝣」ということばの歴史は非常に古く、紀元前七世紀ごろまでの詩を収めた『詩経』の中にも、すでに「蜉蝣」と題する作品があります。紀元前に付けられたその注釈に、「蜉蝣」について「朝生まれて夕べには死ぬ」とありますから、そのはかないイメージには二〇〇〇年以上の伝統がある、ということになりましょう。

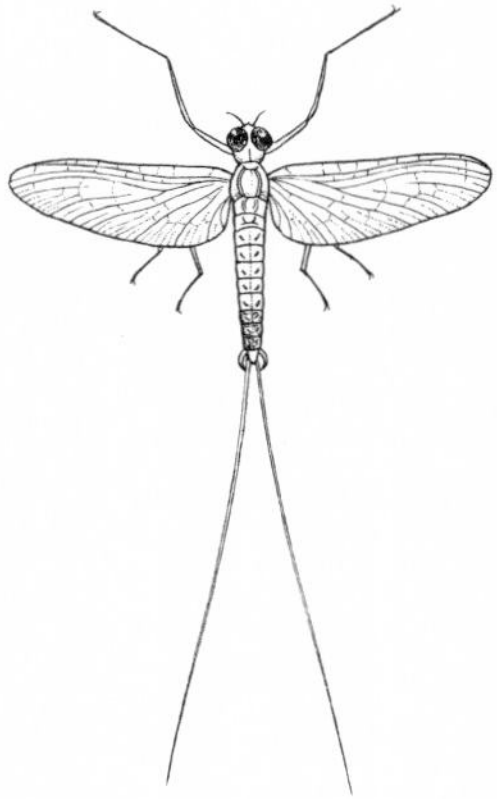

『広辞苑』のカゲロウの項目に示されているフタバカゲロウのイラストでもわかるように、カゲロウはいかにも弱々しい感じがする虫。はかないもののたとえに使われてきたのもむべなるかな、というところです。

ところで、カゲロウの漢字での書き表し方として挙がっている、もう一つの「蜻蛉」については、現在では一般に「とんぼ」と読む漢字熟語として知られています。それをどうして「かげろう」とも読むかというと、昔はトンボのことを「かげろう」と呼んでいたから。実際、先ほど紹介した『広辞苑』のカゲロウについての記述は実は②の説明で、①としては「トンボの古名」とあります。ということは、トンボの古い呼び名としての「かげろう」については、漢字では「蜻蛉」と書くというのでしょう。

となると、古文で「かげろう＝蜻蛉」が出て来たらトンボのことだと解釈しないといけない、ということになりそうですが、事はそう単純でもありません。

たとえば、平安女流文学として有名な『蜻蛉《かげろう》日記』のタイトルは、その上巻の終わりに出て来る「なほものはかなきを思へば、あるかなきかの心ちするかげろふの日記といふべし」という一節に由来しています。この「かげろふ」については、光の屈折で生じる「陽炎《かげろう》」だとする解釈もありますが、そうではなくて虫だとすれば、「はかなきを思へば」というのですからカゲロウだと考えるべきでしょう。

それなのに「蜉蝣」ではなく「蜻蛉」という漢字で書き表されているのは、なぜなのでしょうか？　かつての日本語では、カゲロウを表す「かげろう」だと知りつつ、それを漢字ではトンボを表す「蜻蛉」で書き表すという、一風変わった習慣があったと理解するしかなさそうです。

大きなトンボ、小さなトンボ

【蜻蛉・蜻蜓】

さて、カゲロウとトンボのややこしい関係について話をしましたので、今度はトンボについてもう少し詳しく見てみましょう。

例によって『広辞苑』から引用すると、トンボは「トンボ目に属する昆虫の総称」。「腹部は細長く、円筒状」で、「細長い透明な二対の翅《はね》」があり、「複眼が大き」い。漢字では「蜻蛉」または「蜻蜓」と書き表します。この二つ、何か違いがあるのでしょうか。

現代の中国で作られた『漢語大詞典』には、「蜻蛉《チンリン》」について、「一説によれば、「蜻《チン》蜓《ティン》」にとてもよく似ているが前の羽が小さく、遠くまでは飛べない」とあります。図は『広辞苑』のオニヤンマの項目に載っているイラスト。ここに見える前後二組の羽のうち、前の羽に大小があるというのでしょう。

この説にどんな根拠があるのかは知りませんが、「蜻蜓」の方が大きいというイメージは日本の辞書でも踏襲されているようです。というのは、『広辞苑』でもそうですが、アカトンボやシオカラトンボのような比較的小さなトンボについては、漢字での書き表し方としては「蜻蜓」は掲げずに「赤蜻蛉」「塩辛蜻蛉」とし、逆にオニヤンマやギンヤンマといった比較的大きなトンボについては、「鬼蜻蜓」「銀蜻蜓」として「蜻蛉」の方は示さない傾向があるからです。

ところで、音読みでは、「蜻蛉」は「せいれい」、「蜻蜓」は「せいてい」と読みます。どちらも、[ei]で終わる読み方の漢字を重ねて脚韻を踏んだ熟語。先ほどカマキリのところ(一二六ページ)でも触れたように、中国語ではこういう熟語には擬音語・擬態語が多く、「蜻蛉」「蜻蜓」も元は何らかのようすを表す擬音語・擬態語だった可能性があります。

真っ直ぐ飛んだり、急に向きを変えたり、空中で静止してみたり。トンボが自由自在に「すいーっ」と飛ぶようすを、古代中国の人々は「せいれい」「せいてい」といった響きで表現したのでしょうか。それとも、トンボの持つあのなんともいえない「すうっ」とするような透明感を、「せいれい」「せいてい」と表現したのかもしれません。

ただ、「蜻蛉」と「蜻蜓」には、「蜻」という漢字が共通しています。これに含まれる「青」は、「青」の旧字体。であるからには、これらが表しているトンボには青いイメージがあったと想像したとしても、あながち的外れでもないでしょう。たとえばシオカラトンボは、『広辞苑』によれば「雄は上面灰青色」。「晩春から夏にかけて現れる最も普通のトンボ」だともありますが、中国でもそれほどポピュラーなのかどうかは、私にはわかりません。

こう考えてくると、アカトンボを「赤蜻蛉」と書き表すのは、青に赤を重ねるようでちょっと不思議な気がします。またまた『広辞苑』に教えを乞うと、アカトンボは「①小形で体色が赤みをおびたトンボの俗称」、または「②アカネ属のトンボの総称」。俳句の世界では秋の季語になっているように、アカトンボが飛び交い始めると、もう夏は終わりです。

V　秋、静かな夜と紅葉の森

カササギの橋の伝説

【鵲】

秋がいつから始まるかというのはむずかしい問題ですが、暦の上では毎年八月七日ごろの立秋の日から始まります。一方、願いごとを書いた短冊を笹の葉に吊るして飾る七夕は、もともとは昔の暦の七月七日に行われた行事。現在の暦では年によって異なりますが、だいたい八月のどこかの日に当たります。そこで、俳句の世界では「七夕」は秋の季語になっているわけです。

この七夕と縁が深い鳥が、カササギです。『広辞苑』でこの鳥について調べると、「スズメ目カラス科の鳥」で、「カラスよりやや小さく、尾が長い」。「肩羽と腹面が白色であるほかは黒色で金属光沢がある」といいますから、全体的にカラスに似ています。

漢字で書くと「鵲」。この漢字の成り立ちについては、左半分に見える「昔」は鳴き声の擬音だという説があります。日本語では、カササギの鳴き声は「かちかち」「かしゃかしゃ」などと表現されます。一方、「昔」には「しゃく」という音読みがあります。「しゃくしゃく」と重ねると、「かしゃかしゃ」に似てきますよね。

この鳥がどうして七夕と縁が深いかというと、その理由は、『広辞苑』の「鵲の橋」の項目を見るとわかります。このことば、元は中国の言い伝えで、「陰暦七月七日の夜、牽牛星と織女星とを会わせるため、鵲が翼を並べて天の河に渡すという想像上の橋」をいいます。

ここで『広辞苑』のイラストに描かれたカササギの姿を見ると、けっこうスマート。この華奢な体で、乙姫さまや彦星さまの体重を支えるとは！　昔の中国の人々は、たいそう難儀な役割をカササギに与えていたようです。

それはともかく、この言い伝えから、中国の古い書物では、「鵲《じゃっ》橋《きょう》」ということばに男女が出会う場所という意味合いが託されることがあります。『百人一首』に大伴家持《おおとものやかもち》の作として収録されている、

かささぎの　わたせる橋に　おく霜の
　　白きを見れば　夜ぞふけにける

という歌は、宮中の庭にかかる橋を詠んだものだとすることもありますが、中国風に解釈してみるとまた違った味わいがありそうです。

男女の仲を取り持つということでいえば、「鵲の鏡」ということばもあります。『広辞苑』では「裏面に鵲の模様のある鏡」と説明されているだけですが、実はこれも中国の「鵲鏡《じゃっきょう》」が元になったことば。その背景には次のような言い伝えがあります。

——昔、ある夫婦が離れ離れに暮らさなくてはいけなくなった時に、鏡を二つに分けて片方ずつ持ち、愛の証としました。ところが、やがて妻が浮気をしてしまいます。すると、その鏡の片割れがカササギとなって夫のもとへと飛んでいき、妻の心変わりを伝えたのだとか。以来、鏡の裏側にカササギの模様を入れる習慣が生じたそうです。

ちなみに、『広辞苑』によると、カササギは「日本では一七世紀に朝鮮半島から持ち込まれたとされる集団が佐賀平野を中心に九州北部に生息し」ているとのこと。「かささぎ」の語源についても「朝鮮語の慶尚道方言カンチェギからか」と注記があります。中国ではなかなかロマンチックなカササギですが、昔の日本人がその現物を見ることはあまりなかったものと想像されます。

スズムシの声は月世界から

【鈴虫・月鈴子】

夏が終わって涼しい夜がやってくると、どこからともなく虫の声が聞こえてきます。いや、むしろ、虫たちの鳴き声を耳にして初めて「ああ、夏が終わったんだ」と身にしみて感じることの方が多いでしょうか。そんな風情あふれる虫たちの中から、まずはスズムシを取り上げてみましょう。

例によって『広辞苑』を調べると、スズムシは漢字ではもちろん「鈴虫」と書き、「①バッタ目スズムシ科(または亜科)の昆虫」。「体はひらたく、卵形」で、「全体暗褐色」。「雄は翅《ねは》を擦り合わせて「りいんりいん」と鳴き」、その音が鈴の音に似ているので「すずむし」と呼ばれるわけです。

「②平安時代、松虫のこと」ともあるように、スズムシとマツムシの関係にはややこしいところがあります。マツムシは、『広辞苑』によれば「①バッタ目マツムシ科(または亜科)の昆虫」で、「淡褐色で、腹部は黄色」。「八月頃「ちんちろりん」と鳴く」。スズムシ

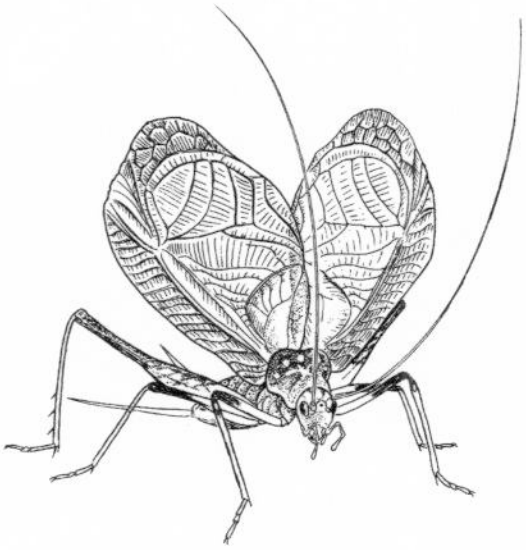

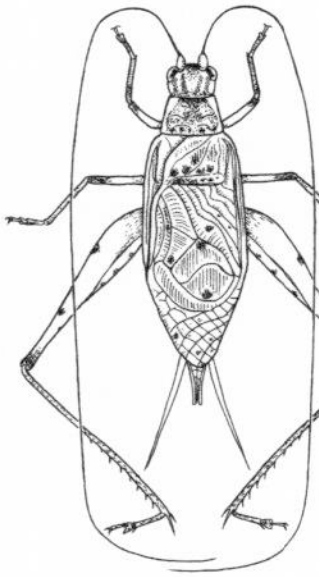

とは色も違えば鳴き声も異なります。図はスズムシ(右)とマツムシ(左)のイラストですが、『広辞苑』のマツムシの説明には「②平安時代、鈴虫のこと」ともあって、平安時代には呼び方が逆だったというのです。しかし、幸いなことにそこには漢字は関係してこないので、気づかないふりをすることにいたしましょう。

それよりもここで紹介しておきたいのは、「月鈴子《げつれいし》」ということば。スズムシの別名として、俳句の世界などで使われることがあります。しかし、『広辞苑』をはじめとする国語辞典の見出し語としては、まず出て来ないことばです。

「鈴虫」ということばは、『源氏物語』の巻名になっているくらいですから平安時代から存在しています。しかし、「月鈴子」ということばが登場するのは、ずっと後のことのようです。江戸時代の中ごろ、一八世紀の初めにまとめられた『和漢三才図会《ずえ》』という図鑑のスズムシの項目に、「金鐘虫」と「月鈴児」が別名として挙げられています。「月鈴子」は、この「月鈴児」が変化したものでしょう。

この二つは、いかにも中国に由来がありそうなことば。そこで調べてみると、明《みん》王朝の時代の著名な文人、袁宏道《えんこうどう》が一七世紀の初めごろに著した文章に、「金鐘児」という虫が出て来ることがわかりました。コオロギに似た虫で、黄金の玉の中から響いてくるような鳴き声が当時の北京で人気だった、と記録されています。この「金鐘児」が日本語では変化して、「金鐘虫」になったのでしょう。

一方、「月鈴子(月鈴児)」については、どうも昔の中国の文献には見当たらないようです。ただ、「金鈴子《チンリンツー》」というある種のコオロギの仲間を載せている中国語の辞典ならありますから、これが「月鈴子(月鈴児)」の元になっていると考えられないでもありません。

その場合、「金」がどうして「月」に変わったのかが、気になるところ。昔の日本のどこかに、スズムシの鳴き声は、「金」という現世的なものよりも幻想的な「月」と関係づける方がふさわしい、と考えた風流な人がいたのかもしれません。

寝床の下でコオロギが鳴く

【蟋蟀・促織】

秋の野で鳴く虫としては、コオロギもおなじみです。

いつものように『広辞苑』から引用すると、コオロギは、漢字で書くと「蟋蟀」。「バッタ目コオロギ科コオロギ亜科の昆虫の総称」で、「草地などに多く、雄は夏から秋にかけて鳴く」。「大形のエンマコオロギをはじめ種類が多い」ともあります。

エンマコオロギはコロコロと鳴きますから、それが「こおろぎ」ということばの語源にもなっているのでしょう。しかし、私たちがよく耳にするリ、リ、リーリーという鳴き声は、ツヅレサセコオロギのものなのだとか。『広辞苑』によれば、ツヅレサセコオロギは漢字を使って書くと「綴れ刺せ蟋蟀」で、「古人が鳴き声を「針(または肩)刺せ、糸(裾)刺せ、綴れ刺せ」と聞きなしたことからの名」だと解説されています。さすが昔の人は風情があって、なかなか複雑な聞きなしをしたものですね。

しかし、私は漢和辞典の世界に頭を毒されている人間ですので、ここで「促織《そくしょく》」という二字熟語を思い出さないではいられません。これは、「しょくしょく」と読むこともあることばで、コオロギの別名です。

三世紀の終わりごろの中国の書物、『古今注《ここんちゅう》』によると、「促織」は、鳴き声が冬着用の布を「織るのを急がせる(促す)」と聞こえるところからついた名だとのこと。漢詩にはよくうたわれていますので、昔の日本人も知っていたはずです。だとすれば、同じく裁縫に関係する「綴れ刺せ蟋蟀」は、これと何か関係があるようにも思われます。

コオロギの鳴き声を聞くと落ち着かない気分になるのは、中国の古くからの伝統のようです。紀元前七世紀ごろまでの詩を集めた『詩経《しきょう》』には、「蟋蟀《しっしゅつ》」が土間で鳴いているのを耳にして、「もう歳が暮れるなあ、のんびりしてはいられない」という気持ちになっているようすをうたった詩が収められています。

また、同じ『詩経』の「七月」という詩には、こんな一節もあります。

七月、野《や》に在り、八月、宇《う》に在り、九月、戸《こ》に在り
十月、蟋蟀、我が牀《しょう》の下に入る

七月には野原、八月には軒下、九月には戸口にいた「蟋蟀」が、一〇月には寝床の下に入ってきたというのです。本当にそんなふうにだんだんと近づいて鳴かれたら、確かに冬支度をせかされているような気にもなるかもしれませんね。

キリギリスは混乱の始まり

【螽斯・蟋蟀・莎鶏】

ところで、昔はコオロギを「きりぎりす」と呼んでいたことは、ご存じの方もいらっしゃるでしょう。スズムシとマツムシのような関係ですが、今度は漢字が深く関わってくるので、ことなかれ主義者の私も、素通りするわけにはいきません。

『広辞苑』によれば、現在、「きりぎりす」と呼ばれているのは「バッタ目キリギリス科の昆虫」で、コオロギとは別。「雄は、「ちょんぎいす」と鳴く」ともあります。イラストも載せてくれているので、その姿を確認することができます。

漢字での書き表し方として『広辞苑』が挙げているのは、「螽斯」と「蟋蟀」。「蟋蟀」は、先ほど見たようにコオロギのこと。昔はコオロギを「きりぎりす」と呼んでいたわけですから、「蟋蟀」を「きりぎりす」と読んでいたとしても不思議ではありません。

となると、正真正銘のキリギリスを表すのは「螽斯」かと思われます。ところが、これを音読みした「螽斯《しゅうし》」という熟語も『広辞苑』には載っていて、そこには「①㋐キリギリスの漢名」に加えて「㋑イナゴの漢名」とも書いてあるので、雲行きが怪しくなります。
ここでイナゴが出て来るのは、中国の古い書物には、「螽斯」について「蝗」の仲間だと説明しているものがあるからかと思われます。しかし、バッタのところ（一二八ページ）で見たように、昔から日本人が「蝗」を「いなご」と訓読みしてきたのは実は誤解で、最近ではトノサマバッタだとするのが一般的になりつつあります。

それを踏まえると、「螽斯」はキリギリスのほか、トノサマバッタをも指すということになります。実際、中国現存最古の詩集、『詩経』の中には、「螽斯」を子孫繁栄の象徴としてうたった詩があります。時には大群になって「飛《ひ》蝗《こう》」の害をなすほどに繁殖力の強いトノサマバッタには、ぴったりのイメージです。

さらにややこしいことには、「螽斯」をコオロギだと考える説もあります。「螽斯」は、中国の書物では漢字の順番をひっくり返した「斯螽」の形でも出て来ます。その一つが、先ほどコオロギのところで紹介した、「七月」の詩。先に引用した部分の直前から改めて紹介すると、次のようになっています。

五月、斯螽、股を動かし

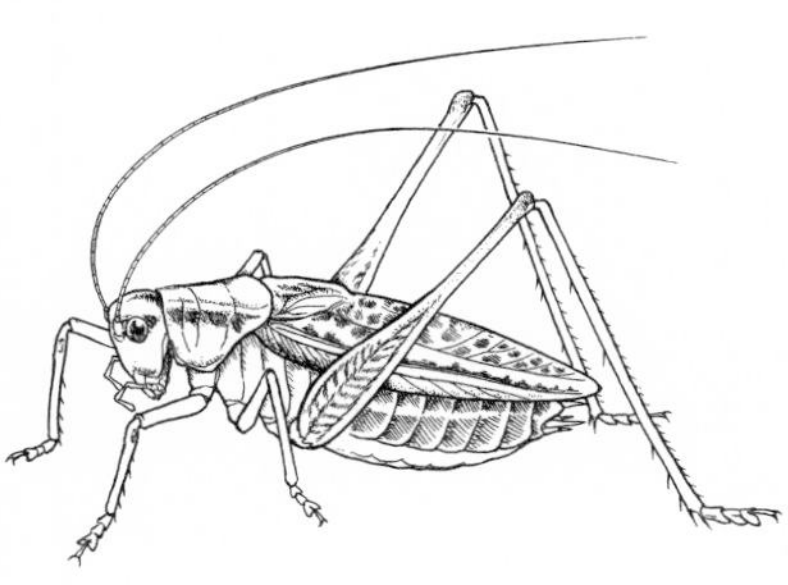

六月、莎鶏《さけい》、羽を振るわす
七月、野に在り、八月、宇に在り、九月、戸に在り
十月、蟋蟀、我が牀の下に入る

五月には「斯螽」が脚と羽をこすり合わせて鳴き、六月には「莎鶏」が飛び、七月からは「蟋蟀」つまりコオロギがだんだん近づいてくるというわけです。

この「莎鶏」については、これまた先ほどコオロギのところで引用した『古今注』に、「「莎鶏」はまたの名を「促織」という」とあります。「促織」はコオロギですから、「莎鶏」もコオロギ。とすると、この詩に出て来る「斯螽」「莎鶏」「蟋蟀」は、コオロギをいろいろな呼び名で呼んでみた文学的な表現だと考えるのが、詩の解釈としては素直でしょう。「斯螽《ししゅう》」が「蟋蟀《しっしゅつ》」と読み方が近いのも、その傍証になります。

結局、「螽斯」はキリギリスなのか、トノサマバッタなのか、コオロギなのか。まったくもって頭を抱えるしかありません。

少し不粋なクツワムシの参戦

【轡虫・絡緯】

ところで、先ほどキリギリスのところで出て来た「莎鶏」ですが、『古今注』ではその別名として、「促織」のほかに「絡緯《らくい》」も挙げています。さすが『広辞苑』、こんなことばもちゃんと載せてくれていて、「クツワムシまたはコオロギの異称」と説明しています。

ここで、新たにクツワムシの参戦です。『広辞苑』によれば、クツワムシは漢字で書くと「轡虫」で、「バッタ目クツワムシ科(または亜科)の昆虫」。コオロギやキリギリスと最も違うのは、「雄は夜「がちゃがちゃ」とにぎやかな音を出す」ところ。あまり風流な鳴き方ではありませんが、「鳴く声が轡の音に似ている」のが名前の由来になっています。

ちなみに、「くつわ」とは、手綱を取りつけるためにウマの口にくわえさせる金具。ただし、「轡」はもともとは手綱を意味する漢字で、「くつわ」と訓読みして使うのは日本語独自の用法です。

さて、仮に「絡緯」がクツワムシだとすると、キリギリスのところで説明した「七月」

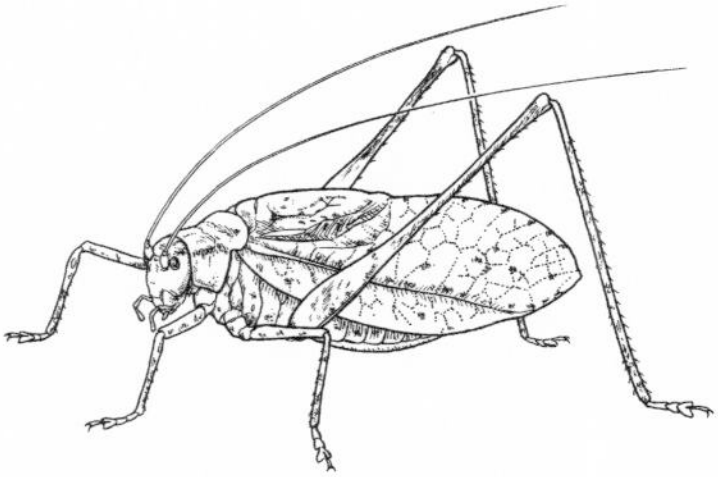

の詩の解釈に従えば、「莎鶏」や「促織」もクツワムシだということになり、「蟋蟀」や「螽斯」にもその可能性が出て来ます。これらの熟語が表しているのは、コオロギなのか、キリギリスなのか、トノサマバッタなのか、クツワムシなのか。もはや収拾がつかないですね……。

ほとほと困っていたところ、『広辞苑』に「すげのにわとり」という項目を見つけました。漢字で書くと「莎の鶏」ですから、「莎鶏」に由来するのでしょう。意味の説明は「キリギリスの類の古称」。「類」が付いているということは、キリギリスだけでなく、似たようないろいろな昆虫をアバウトに指すということなのでしょう。

これに倣って、夏から秋の野原で鳴いている虫は、すべてひとくくりに考える方がいいのかもしれません。図は『広辞苑』のクツワムシのところに載っているイラストですが、これをキリギリスのイラスト（一四七ページ）と比べてみても、素人目にはなかなか区別がつきません。整然と呼び分けていた、と考えなくてもいいのではないでしょうか。

ところで、『広辞苑』のクツワムシの項目には、別名として「くだまき」が挙がっています。「管巻《くだまき》」の項目によれば、その由来は「鳴く声が糸車を繰る音に似るからいう」とのこと。漢和辞典的には、ここで「絡緯」との関係を考えたくなります。なぜなら、例の『古今注』は、「絡緯」はその声が糸を紡ぐ音に似ているところからついた呼び名だと説明しているから。「絡」には巻きつける、「緯」には横糸という意味があるので、「絡緯」は糸車に横糸を巻きつけて糸を紡ぐという意味になるのです。

振り返れば、ツヅレサセコオロギも「促織」も、裁縫や布を織ることに関係のある呼び名でした。キリギリスには、「はたおりむし」という別名があります。これは、「ちょんぎいす」と聞こえるあの鳴き声が、織機で布を作る音に似ているからでしょう。

秋の野に鳴く虫たちは、昔から、中国ではその鳴き声を衣服を仕立てる仕事に関連づけて聞きなされてきていて、それが日本にも受け継がれたようです。そういう大枠の中で、いろいろな人がいろいろな機会にさまざまな呼び名を生み出した結果、どの名前がどの虫を指すかについて混乱が生じた、ということなのかもしれません。

秋の夜長のカンタンの夢

【邯鄲】

コオロギやキリギリス、クツワムシをめぐるややこしい話はこれくらいにして、次に「かんたん」という名前の虫について見てみましょう。

この虫の名前、漢字では「邯鄲」と書きます。そこで『広辞苑』で「邯鄲」の項目を見てみると、④として「バッタ目カンタン科(またはコオロギ科)の昆虫」と出て来ます。「体は細長く」て「淡黄緑色」、「触角は糸状で体長の約三倍」もあるのだとか。では①の意味はというと、「中国河北省南部の都市」。紀元前数世紀の春秋時代や戦国時代にはその地方を支配した国の都が置かれ、「交通の要地で、商業が栄えた」ともあります。

この街には「邯鄲の夢」として知られる有名な故事成語があって、『広辞苑』でも子項目として載せています。意味は、「人生の栄枯盛衰のはかないことのたとえ」。邯鄲で見る夢がなぜそういう意味になるかというと、その背景には次のようなお話があります。

――その昔、立身出世を夢見る青年が、旅の途中、邯鄲の街のある茶店で、道士から枕を借りて昼寝をしました。すると、青年の運命は一変。良縁に恵まれて有力者の娘と結婚し、役人の採用試験にも合格。出世街道を駆け登っていきます。その後、左遷の憂き目にあうこともありましたが、最後は大臣にまで昇り詰めて皇帝の信頼も厚く、子宝にも恵まれて栄華のうちに息を引き取ります。が、その瞬間、目が覚めてみると元の茶店の中。人生のはかなさを悟った青年は、道士に礼を述べて故郷へと帰っていったのでした。

これは、夢オチの元祖のような物語。元ネタは八世紀後半、唐王朝の時代に書かれた『枕中記《ちんちゅうき》』という物語ですが、中国でも日本でもさまざまに脚色されて語り継がれています。

では、その「邯鄲」がどうして昆虫の名前になったのでしょうか？「かんたん」は鳴き声で、「邯鄲」と書くのは当て字だろうという説もあります。しかし、『広辞苑』にも書いてある通り、カンタンは「夏秋の頃、草の間にすみ、「りゅうりりゅう」と高音で鳴く」ので、さすがに無理があるように思われます。

カンタンを「邯鄲」と呼ぶのは、日本語のオリジナル。秋の夜長、「鳴く虫の女王」といわれることもあるカンタンの美しい鳴き声に耳を傾けていた日本人が、ふと、まどろみの中で人生の栄枯盛衰をかいま見た、なんてことがあったのかもしれません。

さて、秋の虫たちの話はこのあたりで打ち止めにして、次からは秋の鳥たちについて見ていくことにしましょう。

カラスの目はどこにある?

【烏・鴉】

私が生まれ育った兵庫県の西宮市は、六甲山系のふもと。子どものころ、秋の夕暮れには山へと急ぐカラスの鳴き声をよく耳にしたものです。『広辞苑』にもあるように、カラスには「秋・冬には集団で就眠」するという特徴がありますから、巣に帰るときにカア、カアと鳴く声が印象に残るのでしょう。

『広辞苑』によれば、カラスは「スズメ目カラス科カラス属およびそれに近縁の鳥の総称」。体全体が「黒くて光沢がある」というのは、ご存知の通り。漢字での書き表し方としては、「烏」と「鴉」の二つが挙がっています。

漢和辞典では、「烏」という漢字の成り立ちについて、「鳥」から目の部分に当たる横棒を取り除いたものだと説明するのが、定番です。そのこころは、カラスは全身真っ黒で、ぱっと見には目がどこにあるかわからないから。中国で一〇世紀ごろから唱えられている説ですが、信じるか信じないかは、あなた次第。素直ではない私などは例によって、できすぎじゃないかと眉に唾を付けたくなります。

とはいえ、「烏」は色が黒いことに重点を置いて使われることがあるのも事実。『広辞苑』に載っていることばでいえば、「闇夜」を意味する「烏夜《うや》」や、「皮膚・筋肉・骨ともに暗紫色なので、この名がある」というニワトリの一種、「烏骨鶏《うこっけい》」などがその例です。

一方、「鴉」の成り立ちについては、左側の「牙」がカラスの鳴き声を表しているのだ、と考えるのが一般的。「牙」は「きば」と訓読みしますが、音読みだと「が」ですから、確かに「カア」という鳴き声と通じるところがありますよね。ちなみに、「鴉」の音読みは、「が[ga]」の子音gが抜け落ちた「あ[a]」になっています。

それはそれとして、ここで思い出していただきたいのは、「鶏」と「雞」のように、鳥を表す漢字の中には、部首が「鳥」と「隹(ふるとり)」の両方で書き表されるものがある、ということ(一二ページ)。それを「鴉」に適用すると、「雅」になります。これは、いうまでもなく「みやび」と訓読みする漢字。音読みでは「優雅」「雅楽」などと使われて、宮廷風・都風であることを表します。

つまり、カラスにはそういう洗練されたイメージもあるわけです。実際、多くの漢和辞典では、「雅」にカラスという意味も載せています。目がどこにあるかわからないなんていわれて、カラスはさぞかし憤慨していることでしょうね。

ガンはVの字になって飛ぶ

【雁・鴈】

秋になると遠い北の国から渡ってきて、日本列島で冬を過ごす渡り鳥たち。中でもガンは、その鳴き声が哀れをもよおすというので、秋の風物詩として昔から詩歌にうたわれてきました。

『広辞苑』によれば、ガンは「カモ目カモ科の鳥のうち、比較的大形の水鳥の総称」で、「ハクチョウより小さく、カモより大きい」。漢字で書くと「雁」か「鴈」。一般的には「雁」を使うでしょうが、これまた、「鳥」か「隹(ふるとり)」かというだけの違い。「鶏」と「雞」の関係(二ページ)と同じです。

ガンとは、「雁(鴈)」の音読みがそのまま名前になったもの。一方、この漢字を訓読みすると「かり」。『広辞苑』の「雁《かり》」の項目では、「①ガンの鳴き声」のあとに「②(鳴き声から)ガンに同じ」と続けています。「かり」は、もとは鳴き声の擬音だったのでしょう。

ともあれ、「雁」の漢字について私がいつも困るのは、「がん」と音読みするのか「かり」と訓読みするのかがはっきりしないこと。その年初めてやって来た「初雁」は、「しょがん」ではなくて「はつかり」。「雁首をそろえる」の場合は、「かりくび」ではなくて「がんくび」。ちなみに『広辞苑』によると、「雁首」は、もともとは「形が雁の首に似ている」ところから「キセルの火皿のついた頭部」を指し、転じて「首または頭の俗語」となったそうです。

森鷗外の長編小説『雁』は、一種の恋愛小説ではありますが、結局はドラマらしいことは何も起こらないという、独特の味わいのある名作。この作品のタイトルを、私はずっと「かり」と読んでいたのですが、「がん」が正しいのだとか。松尾芭蕉の名句、「病雁の夜さむに落ちて旅寝かな」の「病雁」については、「びょうがん」と読む人と「やむかり」と読む人の両方がいるようです。

ところで、ガンの代表的な種といえば、マガン。再び『広辞苑』を参照すると、マガンは、漢字で書くと「真雁」。「翼開長約一五〇センチメートル」で、「北半球に広く分布し、秋、斜めの一直線(さお)やV字形(かぎ)の編隊になって日本に飛来」すると説明しています。イラス

トで見るような姿をした大きな鳥が、何十羽も集まって秩序正しい編隊を作って大空を飛んでいくのが、マガンの特徴となっています。

そこで、「雁(鴈)」に含まれる「厂」の形は、ガンの隊列の形に由来するものだ、という説があります。確かに、「V」を時計まわりに一三五度くらい回転させると、「厂」に近い形になりますものね。

では、「雁」に含まれる「イ」の形は何を表しているのでしょうか。その点については、一〇世紀の中国の徐鉉《じょげん》という学者が、次のような説を唱えています。いわく、これは「人」の変形で、「雁」にそれが含まれているのは、身分のある人の間ではガンを贈り物に使うことの現れなのだ、と。

どうです、納得できますか？　疑り深い私などは、いっそのこと「厂」と同様、「イ」もまたガンの隊列のV字形を回転させた形だと考えた方が、すっきりするような気がします。

虫眼鏡レベルのツグミの違い　【鶫・鶇】

次に、同じく秋になると北から渡ってくる鳥として、ツグミを取り上げてみましょう。『広辞苑』によれば、ツグミは「スズメ目ヒタキ科ツグミ亜科の鳥」で、「秋、大群をなして日本に渡来」。お肉がとてもおいしいそうで、「かつて、かすみ網で大量に捕獲、食用にされた」とのこと。そのために絶滅が心配され、現在では捕獲が禁じられています。

漢字での書き表し方としては、「鶫」と「鶇」が示されています。この二つの漢字のどこが違うかわかるでしょうか？　左側の部分が「柬」か「東」か。虫眼鏡で見ないとわからないですよね！

「柬」は、音読みでは「かん」と読み、選ぶという意味を表します。令和の世に生きる私たちにとっては縁遠い漢字ですが、漢字の一部分としては意外とよく使われています。たとえば、「諫《かん》」は「諫《いさ》める」と訓読みして使う漢字。「瀾《らん》」は大きな波を意味する漢字で、「波瀾」のように用いられます。

ただ、こうやって漢字の一部分として使われている「柬」は、現在では少し省略して「東」と書かれることが多いのが、悲しいところ。たとえば、「練習」の「練」や「鍛錬」の「錬」、「投書欄」の「欄」は、第二次世界大戦後に始まった国語改革によって正式とされた、いわゆる「新字体」。それ以前に正式だった「旧字体」では、「練」「錬」「欄」という形をしていました。

となると、ツグミの漢字についても、「柬」を含む「鶫」の略字として、「東」を書く「鶇」が生まれたように思われます。であれば、辞書的には本来の「鶫」だけを挙げて済ませてもいいところ。なのに『広辞苑』がわざわざ「鶇」も示しているのは、歴史的に見ると「鶇」の方が由緒正しい漢字だからでしょう。

実際、中国の伝統的な漢字の辞書に載っているのは、左側が「東」の「鶇」だけで、左側が「柬」になっている「鶫」という漢字は載っていません。ただし、この場合の「鶇」は想像上のある種の鳥を表す漢字で、ツグミとは関係がありません。

研究によると、日本語では、まず中国の辞書に載っていた「東」を書く方を、どういう理由からかはわかりませんが「つぐみ」と読んで使うようになり、そのあとになってから、

同じ意味で「柬」を書く方が用いられるようになったのだとか。そこで、漢和辞典では、「柬」を書く方は「東」を書く方から逆算するような経緯で、日本で独自に生み出された漢字だ、と説明するのが主流になっています。

なお、『広辞苑』には「シベリア中部・東部で繁殖」するとありますから、中国の人々も昔からツグミの存在は知っていたことでしょう。『広辞苑』のイラストで見るとかわいらしい姿をしていますが、中国ではこの鳥にはあまり注意が払われなかったようです。残念ながら、ツグミを表すために中国で作られた漢字は見当たりません。現在の中国語では、日本語の影響を受けて、本来はツグミとは関係がないはずの「東」を書く方の「鶇」を、ツグミを表す漢字として用いています。

モズの二つの得意技

【百舌・鵙・鴃】

ところで、ツグミは、日本に渡ってきている秋冬の間は、さえずりをしないのだとか。それが、口を「つぐむ」という名前の由来にもなっているわけですが、逆に、秋になるとけたたましく「高鳴き」を始めることで有名なのがモズ。『広辞苑』にも、「秋から冬に雌雄別々になわばりを張り、その宣言として、高い梢などで鋭い声で鳴」くとあります。イラストで見ると、目のところに走っている黒い帯が印象的です。

モズは、「スズメ目モズ科の鳥」。高鳴きだけではなく、「他種の鳥や動物の鳴き声をよくまねる」という特技があります。漢字で「百舌」と書くのは、多くの声色を使い分けるという意味でしょう。『広辞苑』には挙がっていませんが、「百舌鳥」の三文字で「もず」と読むこともあります。

『広辞苑』では、漢字での書き表し方としてもう一つ、「鵙」も挙げています。この漢字は、音読みで読むと「げき」。左半分に見える「貝」は、成り立ちの上では「狊」の省略形で、この「狊」が「げき」という音読みを表しています。おそらく、昔の中国の人は、モズの高鳴きを「げき」のような響きとして捉えたのでしょう。

国語辞典のモズのところにはあまり出て来ませんが、モズを表す漢字には、「鵙」と同じく「げき」と音読みする「鴃」もあります。これは、発音の似た「夬《けつ》」で音読みを表したもので、左右の構成要素を入れ替えて「鴂」と書くこともあります。この漢字は、「鴃《げき》舌《ぜつ》」という熟語で有名。『広辞苑』にももちろん載っていて、「外国人などが話す意味の通じない言葉を卑しめていう語」。見出しの下には「モズのさえずりの意」という注記もあります。アクセントの強い外国語が、モズの鋭い高鳴きのように聞こえたのでしょう。

このように、モズを表す漢字には「百舌」「百舌鳥」と「鵙」「鴃」「鴂」の二つの系統があって、それぞれ、上手な鳴きまねと鋭い高鳴きという特徴を反映しています。ただ、「百舌」「百舌鳥」は、中国語では必ずしもモズを指すわけではないようです。

インターネットで調べてみると、現在の中国語では、「百舌」といえばクロウタドリのことを指すようです。『広辞苑』のこの鳥の項目には、「ツグミ類の一種」で、「さえずりが美しいことで有名」とあります。漢詩でも

多くの場合、「百舌」は春に心地よいさえずりを聞かせてくれる鳥としてうたわれていま す。

おそらく、中国の人々にとっては、モズは高鳴きが聞き苦しいという悪い印象ばかりが強い鳥だったのでしょう。目のところに走る例の黒い帯が災いして、人相ならぬ「鳥相」が悪いと感じられたのかもしれません。ほかの鳥の鳴きまねが上手だという良いイメージで捉えるのは、おそらくは日本人独特。そのために日本語では、モズを漢字で書き表す場合に「百舌」「百舌鳥」を用いるようになったものと思われます。

同じ鳥でも日中で印象が違うのだとすると、ちょっとおもしろいですね。

このウマで本当にいいのかな？【馬】

秋といえば、青い空。だからこそ鳥たちが飛びゆく姿も絵になるわけですが、空の青に映えるのは、地上を駆けるウマも同じ。「天高く馬肥ゆる秋」とは、『広辞苑』によれば、「秋の好時節をいう」慣用句。「秋は空が澄み渡って高く晴れ、馬は肥えてたくましくなるという意」だと説明されています。

ただ、末尾に「→秋高く馬肥ゆ」とあるのでそちらの項目に飛んでみると、「もとは、北方の騎馬民族の侵入に備えるよう注意を喚起した語」だとも書いてあります。秋の好天は、必ずしも平和な空ではなかったわけです。

ここで改めて『広辞苑』でウマについて調べると、「ウマ目（奇蹄《きてい》類）ウマ科の哺乳類」で、「体は大きく、顔は長く、頭部に鬣《たてがみ》があり、四肢が長く蹄《ひづめ》でよく走る」。漢字で書くともちろん「馬」です。

この漢字は、「象」（一一一ページ）と同様に、象形《しょうけい》の方法で作られた代表

的な漢字。図は、紀元前一三〇〇年ごろに使われていた漢字の祖先、甲骨文字の「馬」。例によって横倒しにしたくなりますが、長い顔や頭部のたてがみだけでなく、長い脚の先の蹄までよく表現していますよね。

ただ、そう思いながら私の頭の中に浮かんでいるのは、競馬場や牧場を颯爽と走る、サラブレッドのような乗馬用のウマ。でも、その想像は厳密にいえばちょっと行き過ぎなのかもしれません。そんなふうに考えるようになったきっかけは、東京の多摩動物園に出かけたときにモウコノウマを見たことでした。

『広辞苑』によれば、モウコノウマは漢字で書くと「蒙古野馬」。一八七九年にロシアの探検家が中国の北西部で発見したもので、「真の野生種で、家畜ウマの祖先の一つ」とあります。「現在では絶滅に近く、動物園で飼育」されているのみなのだとか。「肩高は一・二メートルほど。毛色は赤褐色」。ありがたいことにイラストも載っていて、それを見ると、サラブレッドよりはだいぶずんぐりしている印象です。

今から三三〇〇年以上の昔、中国の黄河中流域で漢字を生み出した人たちが目にしていたウマは、私たちがイメージするものよりは、この野生種のウマに近いものではなかったでしょうか。「馬」という漢字も、こういうガッチリ型のウマの絵が変化したものだ、と考える方がよさそうです。

甲骨文字の時代には、ウマの利用といえば車を引かせるのがメインでした。中国の人々が騎馬民族から乗馬を本格的に取り入れたのは、紀元前四世紀の終わりごろ。以後、中国では騎馬戦術が一般的になり、それから二〇〇年ぐらい後の前漢王朝の時代には、一日に千里を走るといわれた駿馬「汗血馬《かんけつば》」を手に入れようと、シルクロードを西へ西へと遠征隊が送り込まれることになりました。彼らが求めたウマがおそらくはやがてアラビア馬となり、イギリスに渡って一七〜一八世紀にサラブレッドが生み出されていくわけです。

乗馬用のウマのそんな壮大な歴史の中に位置づけて「馬」という漢字を眺めてみると、ちょっとワクワクしてきます。

シカの鳴き声に感じること　【鹿】

秋の空が似合う動物がウマだとすれば、秋の森が似合う動物はシカでしょう。特に紅葉との相性が抜群で、花札にもシカと紅葉を取り合わせた札があるほか、シカの肉のことを「もみじ」と呼ぶこともあります。

『広辞苑』によれば、シカは、「①ウシ目(偶蹄類)シカ科の哺乳類の総称」で、「約四〇種があり、アフリカ以外の世界各地に分布」しているとのこと。イラストとしては、「現生で最大のシカで、体長三メートルほど」だというヘラジカの項目に入っているものがありますので、それをお見せしておきましょう。

漢字で書くと、もちろん「鹿」。甲骨文字では図のような形をしています。トレードマークの立派な角がきちんと二本、描きこまれていて、シカの絵から生まれた象形の漢字であることがよくわかります。

『広辞苑』のシカの項目には、「②特にニホンジカをいう」ともあります。「体長一・五メートルほど」で、「角は牡のみにあり、成長したものでは四〇《センチメートル》ほど、毎年生えかわる」とのこと。説明の終わりの方には、「秋、牝鹿を呼ぶ牡鹿の声は、詩歌に多く詠まれる」とまで書いてくれています。

奥山に　紅葉ふみわけ　鳴く鹿の　こゑきく時ぞ　秋はかなしき

とは、『百人一首』にも採られて広く親しまれている、猿丸太夫《さるまるだゆう》が詠んだという和歌。日本人にとってシカの鳴き声は、孤独なかなしみをかきたてるものであったようです。

一方、シカの鳴き声を漢字の熟語で表すと「鹿鳴《ろくめい》」。かの明治政府の社交場、鹿鳴館の由来ですが、『広辞苑』にはこのことばもきちんと載っていて、「宴会で客をもてなすときの詩歌・音楽。また、宴会」と説明されています。どうしてそういう意味になるのかというと、紀元前数世紀の昔から伝わる中国の古い詩に、次のような一節があるからです。

呦呦《ゆうゆう》として鹿は鳴き、野の苹《へい》を食らう
我に嘉賓《かひん》有り、瑟《しつ》を鼓《こ》し笙《しょう》を吹かん

最初の「呦呦」は、シカの鳴き声の擬音語。前半で描かれているのは、シカが鳴きながら野の草を食べている情景。それが、人々が集まって会話をしながら食事をしているようすを連想させて、大事なお客さんがあるから弦楽器を奏で管楽器を吹き鳴らそう、という後半を導き出しています。このシカは、適切な相手を得て鳴き交わしているのでしょう。

「呦呦」はむせび泣く声に対して使われることもあるので、中国でもシカの鳴き声をさみしく聞くことがあるのかもしれません。しかし、それを詩歌に仕立てる際に、日本では個人のさみしさに焦点を当てるのに対して、中国では、社交のたのしみを描き出す題材としているわけです。

日本の和歌が恋のかなしみを多くうたうのに対して、中国の漢詩は熱い友情をよくうたうとは、しばしば指摘されることです。両国の古典文学のそういうあり方の違いが、シカの鳴き声に関しても端的に現れているように思います。

上手に崖を登るカモシカ

【氈鹿・羚羊】

ここで、シカつながりでカモシカを取り上げておきましょう。『広辞苑』では、カモシカを表す漢字として「氈鹿」と「羚羊」が挙がっていますが、カモシカはシカの仲間でもヒツジの仲間でもありません。実は「ウシ科の哺乳類」。「体長一・五メートルほどで、一対の短い角を持」ち、「山地の森林に生活し、険しい崖でも巧みに登降する」動物なのです。

日本語「かもしか」の語源については、『広辞苑』では二つの説を紹介しています。一つ目は、「かま、すなわち山の険しいところに居る鹿」、二つ目は「氈《かも》に織る鹿の意」。「氈鹿」という漢字での書き表し方は二番目の説に基づくものですが、「氈《かも》」について『広辞苑』には「氈鹿の毛を撚《よ》って作った敷物」とあります。「かもしか」の毛で作るから「かも」なのか、毛が「かも」の材料となるから「かもしか」なのか、なかなか悩ましい問題です。

ちなみに、漢字としての「氈」は、音読みでは「せん」と読み、ヒツジなどの毛を押し

固めて作った、フェルト状の布を指します。これを「かも」と訓読みするのは漢和辞典ではめったに見かけない用法。今後、日本語独自の用法として広く載せていく必要があるでしょう。

一方、「羚羊」は中国語に由来する漢字での書き表し方ですが、ややこしいのは、「羚羊」は「れいよう」と音読みすると厳密にはカモシカではなくなる、ということ。『広辞苑』のカモシカの説明も、先ほど引用したのは①で、そのあとに「②レイヨウ(羚羊)の俗称」とあります。

そこで、レイヨウについて『広辞苑』で調べてみると、「ウシ科の哺乳類の一群で、多くはアフリカ・アジアの草原・砂漠にすむものの総称」で、具体的には「ハーテビースト・オリックス・インパラ・エランドなどを含む」と書いてあります。かたや「山地の森林に生活し」、かたや「草原・砂漠にすむ」のですから、カモシカとレイヨウは別の動物。日本で「羚羊」を「かもしか」と読むのは、中国語の「羚羊」を誤解したものと思われます。

一一世紀の末ごろに書かれた中国の『埤雅《ひが》』という辞書には、「「羚羊」は羊に似ていて大きな角がある」とあります。『広辞苑』のイラストで確認すると、「羚羊」の一つ、オリックス(左)には長くて目立つ角がありますが、カモシカ(右)の角はかなり短いですよね。この点からも、中国語での「羚羊」はカモシカではないことがわかります。

ただ、四世紀初めごろの中国の郭璞《かくはく》という学者は、「「羚羊」は山の崖にいるのを好む」と書き残しています。一方、日本のカモシカはといえば、『広辞苑』には「険しい崖でも巧みに登降する」とありましたし、語源説の一つとして「かま、すなわち山の険しいところに居る鹿」と述べてもいました。日本人が「羚羊」をカモシカだと解釈したのは、郭璞の記述あたりに原因があるのかもしれません。

頭に飾るはリスの毛か……

【栗鼠】

秋の章の最後に、秋の森が似合う動物としてもう一つ、リスについて見ておきましょう。『広辞苑』にも、「ネズミ目リス科の哺乳類の総称」で、「森林に生息し、木の実や木の葉、昆虫などを食べる」とあります。「頭胴長二〇《センチメートル》、尾長一五《センチメートル》ほど」とあるように、体に比べて尾が長いのが特徴。「尾長約二〇《センチメートル》」だというタイワンリスの項目にイラスト(上)が載っていますので、それを見ておくことにしましょう。

漢字で書けば「栗鼠」ですが、この二文字をふつうに音読みすると「りっそ」。「りす」と読むのは、一三世紀ごろ以降に日本に伝わった、比較的新しい時代の中国語の発音に基づく読み方です。この読み方が示しているように、日本に「栗鼠」ということばが伝わったのは、比較的新しい時代だったものと思われます。

となると、それ以前に日本人はリスのことをなんと呼んでいたのかが気になるところですが、はっきりしたことはわかりません。リスの別名に「きねずみ」がありますが、このことばが記録の上に登場するのは、「栗鼠」よりも前というわけではないようです。

一方、中国の文献に「栗鼠」が登場するのは、一一世紀ごろのことです。では、中国ではそれ以前はリスのことを何と呼んでいたのでしょうか？

一六世紀の後半に作られた『本草綱目《ほんぞうこうもく》』という一種の百科事典には、「貂鼠《ちょうそ》」の別名として「栗鼠」が挙げられています。そして、「この「鼠」は栗の実や松の皮を食べるのが好きなので、少数民族の間では「栗鼠」と呼ばれている」という、一二世紀の学者、羅願《らがん》の説明を紹介しています。ちなみに、現代中国語ではリスを「松鼠《ソンシュー》」と呼んでいます。

「貂鼠」の「貂」とは、動物のテンを指す漢字。再び『広辞苑』の説明を引けば、テンは「イタチ科テン属の哺乳類の総称」。漢字では「黄鼬」と書くこともあります。リスとは科が違いますが、『広辞苑』のイラスト(下)で比べてみると、やはり尾が比較的長くて、見た目はそれなりに似ています。昔の中国では、リスはテンの仲間だとして「貂鼠」と

呼ばれていたのでしょう。

一～二世紀ごろの中国では、高官がかぶる冠の飾りに「貂」の尾の美しい毛が使われました。それが足りなくなるとイヌの尾で代用するしかないというところから、優れたものの後に劣ったものが続くことを表す「狗尾続貂《くびぞくちょう》」という四字熟語が生まれています。

テンの毛皮は確かに美しいらしく、『広辞苑』もクロテンの項目で、「毛皮はセーブルと呼ばれ、最高級」だと絶賛しています。でも、それが足りなくなったからといっていきなりイヌの尾で代用しようというのは、いくらなんでも安易すぎ。どこかを探して「貂鼠」の毛皮を使ってみることもあったのではないでしょうか……。

それはともかく、木の実を口いっぱいに頬張っているリスの姿が見られるのは、秋もだいぶ深まった証。リスたちは大好物の木の実をあちこちに隠して、厳しい冬に備えます。

VI

冬、寒さに負けぬ動物たち

カモとケリの脚の長さ【鴨・鳧】

秋になると北の方からやってきて日本列島で冬を越す渡り鳥のことを、「冬鳥《ふゆどり》」といいます。ガンやツグミも冬鳥ですが、昔から日本人は、その鳴き声を聞き、その姿を見ては秋を感じてきました。それとは違って、文字通り冬の風物詩となっている冬鳥もいます。たとえば、カモもその一つです。

カモについて『広辞苑』で調べると、「カモ目カモ科の鳥のうち、比較的小形の水鳥の総称」。カルガモは毎年、夏の初めに子どもを連れて引っ越しをするというので、今やテレビなどで引っ張りだこですが、カモは「日本では秋、北地から渡来し、春、北に帰るものが多い」。俳句の世界で冬の季語となっているのは、食材としては冬の味覚だからでしょう。

テレビでアイドルになったのはカルガモですが、『広辞苑』のカモの項目では、代表的な品種として「マガモ・コガモ・ヨシガモ・トモエガモなど」が挙げられています。そこ

で、試しに『広辞苑』でマガモの項目を見ると、漢字で書くと「真鴨」で、「アヒルは本種を家禽化したもの」ともあって、「あひる」を漢字では「家鴨」と書くのはそういうことだったんだ！ と膝を打つことになります。

それはそれとして、ここで取り上げたいのは、『広辞苑』ではカモの漢字での書き表し方として、「鴨」のほかに「鳧」も載っていること。「鳧」は、日本語では「けり」と読んで、カモとは違う鳥を指して使われる漢字です。それがカモのところにも出ているのは、中国では「鳧」もカモを指すからです。

たとえば、「断鶴続鳧《だんかくぞくふ》」とは、古代中国思想の古典、『荘子』に由来する四字熟語。文字通りには、ツルの脚が長すぎるといって短く切ったり、カモの脚が短すぎるといって継ぎ足したりするという意味。そんなことをされたらツルやカモはさぞかし迷惑だろう、というわけで、余計な手を加えないでありのままにしておく方がいいことのたとえとして使われます。

つまり、中国での「鳧」には脚が短いというイメージがあるのでしょう。『広辞苑』のマガモのところに載っているイラストでは、残念ながら脚の長さは確認できませんが、アヒルなりお引っ越し中のカルガモなりを思い出していただければ、その短さは十分に納得できるでしょう。

一方、ケリはどうかというと、『広辞苑』によれば「チドリ目チドリ科の鳥」で、「大きさはハトぐらいで肢《あし》が長い」。すらりとした美脚のイラストまで載せてくれています。

脚の長いこの鳥を中国語でいう「鳬」だと考えるのは、解せないですよね。ひょっとすると、ケリを指して使われる「鳬」は、昔の日本の誰かが、特徴的な長い脚を「几」の形で表して独自に作り出した漢字なのかもしれません。それがたまたま、中国に元から存在していた「鳬」と形が同じだったという次第。

こういう現象を、漢字の世界では「字形の衝突」と呼んでいます。たとえば、「芸」は、もともとは中国である種の香草を指していた漢字で、日本でも「うん」と音読みして使われていました。しかし、のちになって日本では、「藝《げい》」の略字として「芸」を作り出し、現在では新字体として使っています。結果、二つの漢字の字形が衝突してしまったというわけです。

ハクチョウの白さと大きさ

【白鳥・鵠・鴻】

カモは、冬の水辺に行けば簡単に目にすることができます。しかし、同じ冬の水鳥でも、ハクチョウとなると、特定の飛来地まで出かけないと見ることはできません。カモが庶民的だとすれば、ハクチョウはまさに王侯貴族だといえましょう。

『広辞苑』によれば、ハクチョウは「カモ目カモ科の水鳥」。「大形で首が長く、多くは全身白色」という優美な姿をしているところから、世界各地で多くの昔話や伝説に登場しています。「オオハクチョウはシベリアで繁殖し、冬季南に渡る」ともあります。

漢字で書くともちろん「白鳥」ですが、『広辞苑』の説明では、おしまいの方に別名として「鵠《こく》」が挙がっています。『広辞苑』には「鵠《こく》」という項目もあって、そこでは「白鳥。くぐい」だという説明。そこでさらに「くぐい」を調べてみると、漢字では「鵠」と書き、「ハクチョウの古称」だとのこと。「鵠」は、音読みでは「こく」または「こう」、訓読みでは「くぐい」と読み、ハクチョウを表す漢字なのです。

ただ、ハクチョウを指す漢字にはもう一つ、「鴻《こう》」もあります。これは、漢和辞典ではオオハクチョウのほか、ヒシクイという鳥も表すとされている漢字です。

そこでまた『広辞苑』でヒシクイを調べてみると、漢字での書き表し方は「鴻」または「菱食」。「ガンの一種」ですからカモ科の鳥で、「秋、サハリン・日本・朝鮮などに来て越冬」。ここまではオオハクチョウとよく似ています。

しかし、大きさは「全長八〇《センチメートル》余」。オオハクチョウについては「全長約一・四《メートル》」とありますから、それに比べてだいぶ小さいですよね。しかも、ヒシクイの色はというと「頭・頸・背は褐色、翼は黒褐色」云々。イラスト(左)を見ても、ハクチョウ(右)とはだいぶイメージが違います。

となると、ハクチョウとヒシクイを一緒くたにするのには、ちょっと無理がありそう。漢和辞典のいう通り、

「鴻」はハクチョウとヒシクイの両方を指すのだとしても、いったい軸足はどちらにあるのか、短気な私としては白黒つけたい気分になります。

そこで注目したいのが、「鴻」で始まる熟語の数々。『広辞苑』に載っているものでいうと、「鴻大《こうだい》」は「たいへん大きなこと」。「鴻名《こうめい》」は「おおきな名誉。名声」。「鴻恩《こうおん》」は「おおきな恩恵」。「鴻基《こうき》」とは「帝王の大事業の基礎」。いずれも儀礼的な用語で現在ではまず見かけませんが、「鴻」にはこんな熟語がたくさんあるのです。

つまり、「鴻」にはとても大きいというイメージがかなり色濃くあるわけです。とすれば、ヒシクイよりもオオハクチョウの方が、この漢字が主として指している鳥としてはふさわしいように思うのですが、いかがでしょうか?

なお、「鵠」の方は、現在では「正鵠《せいこく》を得る」または「正鵠を射る」という慣用句で使われるのが有名。「正鵠」は、紀元前数世紀の中国の風習を伝える『礼記《らいき》』という書物に出て来ることばで、「弓の的《まと》の中央の黒ぼし」だというのが『広辞苑』の説明。でも、ハクチョウを表す漢字が黒星に対して使われるのは、これいかに?

昔の中国では弓の的の中心は白かったのかも、などと私は想像しています。

素潜りが得意なカイツブリ

【鸊鷉・鳰】

次に、同じく水鳥の中から、カイツブリを取り上げましょう。ものの本によれば、冬の湖沼で目にとまることが多いので、俳句の世界では冬の季語になっている鳥です。

カイツブリは、「カイツブリ科カイツブリ属の水鳥」で、「大きさはハトぐらい」。「湖沼・河川などに生息し、潜水して小魚を捕食」するというのが、『広辞苑』の説明。イラストでは優雅に水面を漂っていますが、よく水に潜るのが特徴なので、「名称は「掻いつ潜りつ」を略したものという説がある」とのことです。

漢字で書くと「鸊鷉」。「鸊」は二四画、「鷉」は二一画もあって、いかにもむずかしそうな見た目ですが、どちらもカイツブリを表す場合以外にはまず使われない漢字。元はといえば中国語での呼び名で、音読みでは「へきてい」と読みます。このうち、「てい」の方は「鵜」とか「䴘」といった漢字が使われることもあります。

カマキリもそうでしたが(一二六ページ)、こういうふうに、読み方が同じいろいろな漢字

で書かれるのは、中国語の擬音語や擬態語によく見られる特徴。擬音語や擬態語は何かの音や状態を響きに託して表現することばですから、どんな意味を持つかよりもどんな発音をするかを重要視して、漢字を使うからです。「鸊鷉」もおそらくは擬音語や擬態語に由来する呼び名でしょう。日本語では「キリリリ」とか「フィリリリ」というように聞きなされるカイツブリの鳴き声を、昔の中国人は「へきてい」のように聞いたのでしょうか。

その一方で、「へきてい」の「へき」の方は、安定して「鸊」で表現されています。「避」は「避《さ》ける」と訓読みする漢字ですし、「僻地《へきち》」とは幹線道路から離れた行きにくい土地。「辟」には、予想される進路から外れるというイメージがあります。そこから想像をたくましくすれば、「鸊鷉」とは、カイツブリの得意技、ふつうに泳いでいたと思ったら急に水面からそれて、ピョコリと水に潜ってしまうようすを、「へきてい」のような響きで表した擬態語だったのかもしれません。

ところで、『広辞苑』のカイツブリの説明によれば、「巣は折り枝・蘆《あし》・水草などで水上に造り、「鳰《にお》の浮巣」と呼ばれる」とのこと。「にお」とは、カイツブリの古い呼び名です。

それを漢字では「鳰」と書くわけですが、これは、中国にはなく、日本で独自に作られた漢字。潜水して水の中に入るところから、「鳥」と「入」を組み合わせたもの。と同時に、「入」の音読み「にゅう」はいわゆる旧仮名遣いでは「にふ」ですし、「にお」は旧仮名遣いでは「にほ」なので、響きの上で「にほ」と通じるところのある漢字「入」を用いているようにも思われます。

なお、昔はカイツブリがたくさんいたのでしょう。日本最大の湖、琵琶湖は「鳰の湖《うみ》」とも呼ばれていました。そこで、カイツブリは滋賀県の鳥にも選ばれています。

ミソサザイと『荘子』の含意　【鷦鷯】

カイツブリを表す「鸊鷉」は二文字合わせて四五画もありましたが、上には上がいるものです。次に取り上げたいのは、「鷦鷯」。「鷦」が二三画、「鷯」が二三画で、合わせると四六画になります。この二文字が表すのは、ミソサザイという鳥。冬になると人里近くまで出て来て鳴くので、冬の季語になっています。

例によって『広辞苑』を調べると、ミソサザイは「スズメ目ミソサザイ科の鳥。全長約一〇《センチメートル》で、非常に小さい」。「山間の水辺に多く」「鳴き声が良い」のだとか。漢字で「鷦鷯」と書くのは、中国語ではこの二文字でミソサザイを表していたから。漢文では「しょうりょう」と音読みするのが習慣です。

『広辞苑』には「鷦鷯《しょうりょう》」という項目もあって、「ミソサザイの漢名」という説明。そして、子項目として「鷦鷯林《はやし》に巣くうも一枝《いっし》に過ぎず」という慣用句が掲げてあります。

これは、カモのところ(一七九ページ)で紹介した「断鶴続鳧」と同じく、中国の古典、

『荘子』に由来することば。「ミソサザイが林の中に巣をかけても実際に必要なのは一枝だけである」というところから、「人はみな、その定まった分に応じて満足する心がなければいけないという戒め」のことばとして使われるというのが、『広辞苑』の説明です。

私はこれまで、ミソサザイについて具体的には何も知らなかったので、『荘子』のこのことばも漫然と読み流していました。しかし、このたび、ミソサザイは「非常に小さい」鳥なのだと『広辞苑』に教えてもらって、さらにはイラストでその小さな姿を具体的に感じることができて、『荘子』の文章の妙に感じ入った次第。広大な林の中のたった一本の木の枝に巣をかける鳥として、鳥の中でも特に小さな「鷦鷯」を選んだのは、人間はだれしもちっぽけな存在だ、ということを強調するためでしょう。

ついでにいえば、中国では、ミソサザイは上手に巣を作る鳥として知られています。一六世紀に作られた『本草綱目《ほんぞうこうもく》』という一種の百科事典でも、その巣は「ニワトリの卵くらいの大きさ」で、「この上ないくらい精密だ」と評価しています。「鷦鷯林に巣くうも……」とは、そんなイメージがあればこその表現なのでしょう。古典の文章では、何気ない一字一句の中に深い配慮が潜んでいることがあるものです。

ところで、『広辞苑』には「鷦鷯」と書き表すことばが、私が知っている範囲であと三つ載っています。その一つは、読み方は「さざい」で「ミソサザイの古称」。もう一つは、「さざき」と読んで「ミソサザイの古名」。最後の一つは、五世紀後半に在位していたという「仁徳天皇」の項目の説明文に出て来る、仁徳天皇の名前、「大鷦鷯《おおさざき》」です。

ここでおもしろいのは、『日本書紀』では仁徳天皇の名前「おおさざき」を確かに「大鷦鷯」と書き表しているのですが、『古事記』では「大雀」と書き表していること。シジュウカラのところ(七二ページ)で触れたように、「雀」はもともとは小さい鳥全般を表す漢字なので、ミソサザイの古名で代表させて「さざき」と読んでいるのでしょう。

これに気づいたとき、福岡市博多区にある難読地名「雀居」をどうして「ささい」と読むのかという、長年の謎が解けた気がしました。ちなみに、「雀部」と書いて「ささべ」とか「ささいべ」と読む古い地名は、全国各地に見られます。

日本のイノシシ、中国のブタ

【猪・豬・豚・豕】

さて、晩秋から初冬にかけて、山の中に食べものが少なくなってくると、おなかを空かせた動物たちが人里まで降りてきて、畑を荒らすことになります。その代表がイノシシ。都会に住んでいても、その被害を伝えるニュースを見聞きすることがあります。

『広辞苑』によれば、イノシシは「ウシ目(偶蹄類)イノシシ科(広くはペッカリー科を含む)の哺乳類の総称。また、その一種」。「豚の原種」だとも書いてあります。つまり、ブタとは、イノシシが家畜化されたものなのです。

漢字での書き表し方としては、「猪」が挙がっています。しかし、伝統的な漢字の辞書の世界では、「豬」の方が由緒正しい書き方。中国の古い文献でも、こちらの方がよく出て来ます。「猪」は、「豬」の部首「豕(いのこへん)」を画数の少ない「犭(けものへん)」に改めた、一種の略字です。

この「豕」は、単独の漢字としてはイノシシやブタを意味する漢字。『広辞苑』のブタの項目にも、漢字での書き表し方として「豚」と並べて掲げられています。ただ、日本ではは主にブタを指して使いますが、中国ではイノシシを指すこともあります。それだけではなく、中国では「猪(豬)」も、ブタを指して用いられることがあります。一般に、中国ではブタとイノシシをあまり区別しないようなのです。

とはいえ、「豚」については、日本でも中国でもブタを指してしか使いません。この漢字に含まれる「月」は、古代文字では「肉」と同じ形をしていて、部首になった場合には「にくづき」と呼ばれています。そこで、「豚」は「豕」の肉に注目して作られた漢字だといえます。人間がイノシシを家畜にしたのは、その肉を食用にしたいがため。そんな欲望が、「豚」という漢字には如実に現れているというわけです。

ところで、「猪」が日本語ではイノシシだけを指すようになったのは、『広辞苑』で「猪《いのしし》のようにむこう見ずに一直線に進むこと」と説明している、「猪突《ちょとつ》」という熟語の影響が大きいのではないでしょうか。その由来は、『広辞苑』でも子項目として収録されている、一世紀の初めごろの中国で組織された「猪突豨《ちょとつき》勇《ゆう》」という軍隊の名前。この軍隊は罪人や奴隷の集まりだったので、「あとさきかまわずに突進すること」が求められていました。

そこから、日本語ではそういう武士のことを「猪武者」と呼ぶようになり、「猪」はイノシシだというイメージが定着していったのでしょう。

クマからヒグマが生まれるまで

【熊・羆】

お腹を空かせて人里まで降りてきた動物が引き起こす被害としては、イノシシによるものよりもクマによるものの方が深刻でしょう。『広辞苑』によれば、クマは「ネコ目クマ科の哺乳類の総称」。「日本の本土産はヒマラヤグマの亜種で」、「ツキノワグマと呼ばれる」。一方、「北海道のクマはヒグマ」だと説明されています。

漢字ではもちろん「熊」と書きます。その成り立ちについては、全体がクマの絵なのだとか、「能」の部分だけでクマの絵なのだとかいわれています。図は、紀元前三世紀ごろに使われていた古代文字、篆書《てんしょ》の「熊」。ためつすがめつ眺めてみても、どちらの説も今ひとつ腑に落ちないですよね。

一方、『広辞苑』でヒグマについて調べると、漢字での書き表し方として「羆」が示されています。形は「熊」と似ていますが、この二つは別の漢字です。

中国の文献では、「熊」と「羆」はよく一緒に出てきます。たとえば、「熊有り羆有り」

というのは、紀元前七世紀ごろまでの詩を集めた『詩経《しきょう》』のある詩の一節。このうたい方からすると、「熊」と「羆」は別の動物だと認識されていたらしく、「熊」は狭義にはヒグマとは別種のクマを指していたかとも思われます。

それはともかく、「羆」が「熊」と違うのは、上に「罒」が載っている点。この「罒」は、「あみがしら」などと呼ばれる部首ですが、「羆」の「罒」に関しては、「罷免《ひめん》」の「罷」の省略形だと考えるのが一般的な成り立ちの説明です。

その根拠は、「罷」と同じく、「羆」も「ひ」と音読みすること。つまり、大昔の中国語ではヒグマのことを「ひ」というような発音の名前で呼んでおり、それにまず「罷」を当て字して、さらにクマと似ていることを示すために「熊」を組み合わせて、ぎゅっと圧縮して出来上がったのが「羆」という漢字だ、というわけ。ちなみに、日本語「ひぐま」の「ひ」は、「羆」の音読みに由来しているといわれています。

ところで、日本語では、ヒグマは古くは「しくま」と呼ばれていました。『広辞苑』にも「しくま」という項目がきちんとあって、「「ひぐま」に同じ」だと説明してあります。この「しくま」についても、由来は「四熊」だという説があります。これは、「羆」の「罒」を「四」だと見たもの。ヒグマは、名前の上では漢字とけっこう縁が深い動物なのです。

いわれたい放題？のキツネ　【狐】

イノシシやクマと同様、キツネも冬になると人里まで降りてきて、畑を荒らすことがあります。そこでわなを仕掛けるのですが、頭がいいのでなかなか捕まえることができないのだとか。ずる賢いというイメージは、そんなところから生まれたのでしょう。『広辞苑』のキツネの項目にも、「ネコ目(食肉類)イヌ科キツネ属の哺乳類」といった説明のあとに、「日本では人をだますとされ、ずるいものの象徴にされてきた」と書いてあります。

漢字で書くと、もちろん「狐」。この「狐」という漢字について、一世紀の終わりごろに中国で作られた『説文解字《せつもんかいじ》』という漢字の辞書には、「妖しい動物で、霊が取り憑くことがある」と書いてあります。いわゆる「キツネが化ける」というのは、日本でも中国でも信じられていたことのようです。

実際、一八世紀の初めごろにまとめられた、中国を代表する怪奇小説集『聊斎志異《りょうさいしい》』などを見ると、キツネが女性に化ける話がたくさん収められています。ただ、悪意を持って人をだましているような雰囲気はあまり感じられません。人間の方でも、実はキツネだと気がついた上でそのまま受け入れていることも多いのが、おもしろいところです。

ところで、漢字の世界でのキツネには、ずる賢いとはちょっと違って、疑い深いというイメージもあります。『広辞苑』にも載っている熟語「狐疑《こぎ》」とは、「事に臨んで疑いためらう」という意味。「狐《きつね》は疑い深い獣だといわれるところから」という注記もあります。

この点について、『漢書』という歴史書に七世紀半ばに付けられた注釈には、次のような説明があります。なんでも、「「狐」は疑い深い性格で、氷結した河を渡るときには、氷が割れる音がしないか何度も何度も耳を傾けながら渡っていく。そこで、疑うことを「狐疑」というのだ」とか。でも、それならば慎重な性格だというべきで、疑い深いとはちょっと違うような気がしませんか？

また、「狐」という漢字の成り立ちについては、こんな説もあります。いわく、「キツネは疑い深い性格だから、仲間と一緒にはいられず孤独である。だから、「狐」には「孤」の省略形の「瓜」が含まれているのだ」。一一世紀の終わりごろに作られた『埤雅《ひが》』という辞書が載せている説ですが、けっこう強引ですよね！

疑い深いだとか、仲間と一緒にはいられないとか、人間様はいいたい放題。「勝手なこというなよ」と毒づいているキツネの姿が目に浮かぶような気がします。

日本のタヌキは三つに化ける

【狸・貍】

日本語には「キツネとタヌキの化かし合い」というような表現もあって、日本でのタヌキは、人を化かすことにかけてはキツネの最大のライバルと見られています。そこで、『広辞苑』のタヌキの項目でも、「イヌ科の哺乳類」で「山地・草原に穴を作って巣とし、家族で生活する」といったリアルな説明とともに、「化けて人をだまし、また、腹鼓を打つとされる」と書いてあるわけです。

ところが、中国の古い書物にはタヌキが化ける話はまず出て来ません。というより、タヌキそのものがあまり出て来ません。どうも昔の中国の人々は、日本人とは違って、タヌキに対してはキツネほどの興味は示さなかったようなのです。

タヌキを表す漢字として『広辞苑』が掲げるのは、「狸」と「貍」。現在、一般によく使われるのは「狸」ですが「貍」の方が由緒正しいことは、「猫」と「貓」の関係(三八ページ)と同じです。とはいえ、タヌキを指してこれらの漢字を用いるのは、日本語独自の用法。漢和辞典によれば、「狸(貍)」は中国語としてはヤマネコを表す漢字なのです。

そこで、『広辞苑』でヤマネコについて調べると、「ネコ科のうち、小形の野生種の総称」で、「ツシマヤマネコ・イリオモテヤマネコ・ヨーロッパヤマネコなど」があるとのこと。ツシマヤマネコのところに載っているイラストを見ると、そのフォルムは確かにタヌキに似ていないでもありません。

では、中国語ではタヌキをどんな漢字で書き表すのかというと、「狢」あるいは「貉」。日本語では「むじな」と訓読みする漢字です。では、「むじな」とは何でしょうか?
『広辞苑』で調べると、「むじな」とは「①アナグマの異称」。「②混同して、タヌキをいうこともある」ともありますが、今度はアナグマとはどんな動物か、知りたくなります。
というわけで、またまた『広辞苑』にお世話になると、アナグマとは「イタチ科の哺乳類」。「タヌキに似るが、四肢が短く頑丈で、爪が大きい」とありますから、タヌキと混同されるのも致し方のないところ。漢字では「穴熊」と書くと示されています。

しかし、漢和辞典の世界では、一文字でアナグマを表す漢字として「猯」あるいは「貒」があります。ただ、この漢字の訓読みとしては「まみ」を掲げるのがふつうです。そこでもう一度、『広辞苑』に戻ると、「まみ」とは、「アナグマの異称。また、混同してタヌキをマミと呼ぶこともある」。つまり、「むじな」とほぼ同じ説明がされています。

以上を漢字の側から整理すると、次のようになります。

	中国語	日本語(訓読み)
狸(貍)	ヤマネコ	たぬき
狢(貉)	タヌキ	むじな[アナグマだがタヌキも含む]
猯(貒)	アナグマ	まみ[アナグマだがタヌキも含む]

つまり、タヌキを指す漢字は中国では一つしかないのに、日本語ではこの三つのどれもがタヌキを表し得るというわけ。中国人と日本人のタヌキへの親近感の違いが、よく現れているように思います。

フクロウの汚名をすすぐ【梟】

冬は、万物の活動が衰える季節。特に、夜、人里離れた山の中となれば、そのさみしさはひとしおです。そこにフクロウの鳴き声が聞こえてくるとなったら、その荒涼とした雰囲気に思わず逃げ出したくなってしまうのではないでしょうか。

フクロウについて『広辞苑』で調べてみると、「フクロウ目の鳥」で、漢字での書き方は「梟」。「森の繁みや木の洞にすみ、夜出てノネズミなどを捕らえて食う」などとある後に、「特にミミズクとの対比で耳羽(羽角)のないものをフクロウと総称するが、分類学上の区別ではない」と書いてあります。

そこで、ついでにミミズクの項目を見てみると、「フクロウ目フクロウ科の鳥のうち、頭側に耳のように見える長い羽毛(羽角)を持つものの総称」。漢字での書き表し方としては、「木菟」「鴟鵂」「角鴟」の三つが挙がっています。このうち、「木菟」については、「菟」はウサギを表す漢字の一つなので(一六ページ)、「耳のように見える長い羽毛」をウ

サギの大きな耳に見立てたものなのでしょう。

ところで、『広辞苑』のフクロウの項目の末尾には、別名として「母喰鳥《ははくいどり》」が載っています。この呼び名は、中国ではフクロウは成長すると母鳥を食べてしまう、と信じられていたことに由来しています。

一世紀の末ごろに書かれた中国の辞書、『説文解字』では、「梟」という漢字の成り立ちについて、こんなことが書いてあります。いわく、「フクロウは親不孝な鳥だから、夏至の日に捕まえてさらし首にする習慣があった。だから、「梟」は「鳥」の頭の部分を「木」の上に置いた形をしているのだ」と。

現在の漢和辞典でも踏襲されている説ですが、私のようなピュアではない心の持ち主からすると、大いに怪しみたくなるところ。フクロウといえばだれしも思い浮かべるのは、『広辞苑』のイラストのような、木の枝の上にちょこんと乗っている姿。むしろ、それをそのまま漢字にしたのだと考える方が、素直なような気がしませんか？

専門家の研究によると、そもそも、フクロウの生態には成長すると親を食べてしまうというような事実はなく、この俗信は『説文解字』よりもそう古くない時代に生じたものらしいのだとか。完全に濡れ衣ですよね！

それはともかく、フクロウを表す漢字を漢和辞典で探してみると、「鴞《きょう》」「鴟《し》」「鵩《ふく》」「鶹《りゅう》」「鵂《きゅう》」など、たくさん見つかります。このうちの「鴟」と「鵂」は、ついさっき、ミミズクの漢字の中にも出て来ましたが、それぞれがどう違い、またどう同じであるかということに関しては、まさに諸説紛々、大混乱の様相を呈しています。とはいえ、漢字が多いということは、中国の人はそれだけフクロウやミミズクが気になっていたということなのでしょう。

「鶹」とか「鵂」といった漢字を見ていると、古代中国の人々にとっても、フクロウが枝の上に留まって休んでいる姿は印象的だったのではないかと思われます。ヨーロッパでは知恵のシンボルとされる鳥ですから、親不孝者だという汚名くらいは、そろそろすすいであげたいものです。

あわてふためくオオカミの謎

【狼】

冬の夜の山奥で、鳴き声がさみしさを際立たせる動物といったら、オオカミだって負けてはいません。私などは、あの遠吠えを聞くとドラキュラが出て来そうに感じます。

『広辞苑』によれば、オオカミは漢字では「狼」。「ネコ目(食肉類)イヌ科の哺乳類」で、「イヌの原種と考えられ、体形はシェパードに似る」とあります。日本列島では絶滅したと考えられていることはよく知られていますよね。

「狼」という漢字については、ひとことといいたくなる熟語がたくさんあります。『広辞苑』の説明を引きながら挙げてみますと、たとえば「狼煙《のろし》」は、「火急の際の遠方への合図として高く上げる煙」。その由来については「狼煙《ろうえん》」と音読みしている項目の方が詳しく、「昔、中国で煙を直上させるため、狼の糞を入れたからという」と説明しています。

また、「狼藉《ろうぜき》」とは、本来は「乱雑なさま」を表す熟語。これについても、「狼が草を藉《し》いて寝たあとの乱れたさまからいう」と注記があります。

おもしろいのは、「あわてふためくこと。うろたえ騒ぐこと」を意味する「狼狽《ろうばい》」の由来。なんでも、「狽」は狼の一種。一説に、狼は前足が長く後足は短いが、狽はその逆。両者は常に共に行動し、離れると倒れて、うろたえることから」生まれたことばなのだとか。

これは、九世紀に中国で書かれた『酉陽雑俎《ゆうようざっそ》』という書物に載っている説。該当の箇所には、ある人がオオカミの群れに追われて逃げていたときに、老いたオオカミがほかのオオカミに支えられて巣から出て来るのを見た、それが「狽」らしい、という体験記まで添えてあります。

しかし、はたしてそんな動物が実在するものでしょうか？『広辞苑』ではさすがに「一説に」という扱いですが、何の注意喚起もなしにこの説を載せている辞書も、たくさんあります。実際、「狼狽」については、これも中国語の擬態語の一種に由来するのではないか、という説もあります。

明らかに面妖なお話でも、おもしろければまことしやかに広がっていってしまう。それが、ことばの由来というものの不思議な魅力だといえましょう。

そう考えると、「狼藉」の由来についても、オオカミってそんなに寝相が悪いのかなあ、という気がしませんか？「狼煙」の材料にオオカミの糞を混ぜたのは本当のことのようですが、実際に煙がまっすぐ上がるのかどうか、だれかに実験をして欲しいものです。

食いっぱぐれたイヌの哀しさ

【犬・狗】

『広辞苑』のオオカミの説明には、「イヌの原種と考えられ」るとありました。そこで、次はイヌを取り上げましょう。雪が降るとイヌは喜んで庭を駆け回るというのが、「雪やこんこ」で始まる唱歌『雪』の世界。冬の章で取り扱うのもいわれがないわけではありません。

『広辞苑』の記述を引くまでもないでしょうが、イヌは「ネコ目(食肉類)イヌ科の哺乳類」で、「よく人になれ」て「広く飼養される家畜」。家畜の代表的存在であるがゆえに、イヌを表す漢字「犬」は、漢字の構成要素としては多くの場合「犭(けものへん)」の形になって、いわゆる「けもの」を意味する部首となっています。この章でここまで取り上げてきた、「猪」「狐」「狸」「狼」といった漢字を思い出していただくと、部首「犭」がいろいろな「けもの」に対して使われることがわかるでしょう。

『広辞苑』のイヌの説明には、品種も多く「大きさ・毛色・形もさまざまである」とも書いてあります。そのためか、『広辞苑』には、「ダルメシアン」「ドーベルマン」「ポメラニアン」「マルチーズ」「レトリバー」などなど、イラスト付きのイヌの項目が一四もあります。ここでは、その中から我らが「秋田犬」を載せておきましょう。ちなみに、ネコの項目のうち、飼い猫でイラストが付いているのは、「ペルシア猫」くらいのもの。『広辞苑』の編集部には、イヌ派が多いに違いありません。

それはともかく、イヌを書き表す漢字として、『広辞苑』では「犬」のほかに「狗」も掲げています。このうちの「犬」は、甲骨文字では図のような形で、例によって九〇度回転させたイヌの絵から生まれた漢字。では、「狗」は「犬」と何が違うのでしょうか。

紀元前二世紀ごろにまとめられた中国の辞書、『爾雅《じが》』には、「犬」について、「まだ毛の生えていないものは「狗」である」という記述があります。また、儒教の経典、『礼記《らいき》』に、紀元後七世紀に付けられた注釈の中には、「大きいものを「犬」といい、小さいものを「狗」という」とあります。つまり、「狗」とは、本来は幼いイヌや小さなイヌを指したようです。

「狗」がやや軽んじた意味合いで使われることがあるのは、そのためでしょう。『広辞苑』に載っていることばから例を挙げると、「走狗《そうく》」とは、「狩猟などで駆け走って人のためにおいつかわれる狗《いぬ》」というところから、「他人の手先となって使役される人を軽蔑していう語」。「羊頭狗肉《ようとうくにく》」は、「羊の頭を看板に出しながら実際には狗《いぬ》の肉を売ること」から転じて、「見かけが立派で実質がこれに伴わないこと」を表します。

さらには、こんな故事成語もあります。かの偉大な思想家、孔子が、旅の途中で弟子たちとはぐれてひとりぼっちになってしまったとき、そのようすを見た人から「喪家《そうか》の狗《いぬ》」みたいだ、といわれてしまいました。それを聞いた孔子は、「うまいことというなあ」と笑っていたのだとか。「喪家の狗」とは、文字通りには「喪中の家の犬、または、やどなし犬」という意味ですが、転じて「やつれて元気のない人のたとえ」として用いられます。

こんなふうに用いられる「狗」ですが、現在の中国語では、イヌを表す漢字としてはもっぱらこちらが使われています。軽い評価を受けたことで、かえって親しみが増したのかもしれませんね。

悲しく響くサルの鳴き声

【猿・猴】

「犬猿の仲」ということばもありますから、イヌの次にはサルについて見てみましょう。イヌと同様、冬とはとりたてて関係が深いわけではありませんが、雪の降る中、温泉につかっているニホンザルの姿は、なんとも絵になるものです。

いつものようにサルについて『広辞苑』で調べると、「サル目(霊長類)のヒト以外の哺乳類の総称」。ただし、「多く類人猿を除く。特にニホンザルをいうこともある」そうです。

漢字で書き表すと、もちろん「猿」。『広辞苑』でもこの一字しか掲げられていませんが、漢和辞典で「さる」と訓読みするとされている漢字は、ほかにもたくさんあります。たとえば、「猴《こう》」「狙《そ》」「猱《どう》」「獼《び》」といった具合。ただし、それぞれがどう違うのかとなると、さまざまな説があってはっきりとしたことはわかりません。

サルを表すこれらの漢字の中で、比較的よく使われるのは、「猿」と「猴」。この二つをつなげた「猿猴《えんこう》」という熟語は『広辞苑』にも載っていて「サル類の総称」だと説明され

ています。

　そこで、やかまし屋の私としては、「猿」と「猴」の違いくらいはきちんと知りたいと思うのですが、その点について、一六世紀の中国で作られた『本草綱目』という一種の百科事典には、「「猴」に似ていて腕が長いものが「猨《えん》」である」という記述があります。

ここに出て来る「猨」は、「猿《えん》」と同じ。このサルは腕が長いので、ものを引っ張るのが上手。そこで、引っ張るという意味を持つ「援」と同じ形を含む「猨」の方が由緒正しい書き方だ、というのが『本草綱目』の立場です。ちなみに、「援」は旧字体では「援」となります。

　ここからすると、「猿」とは、テナガザル科のサルを指すようです。それに対して、「猴」はオナガザル科のサルだとする説があります。『広辞苑』にはオナガザル科のテングザルの項目にイラストが載っていますので、それをお示ししておきましょう。

　ともあれ、「猿」は腕が長いのが特徴。そうだと知ると、『広辞苑』で「腕を長く伸ばす」という意味だと説明している「猿臂《えんぴ》を伸ばす」という慣用句も、リアリティを増しますよね。テナガザルが長い腕を伸ばすようすが、ありありと目に浮かぶではありませんか。

「猿」の特徴としては、もう一つ、鳴き声が人を悲しませることがあります。中国を貫いて流れる大河、長江の中流、現在の三峡《さんきょう》ダムがあるあたりは、「巴東《はとう》」と呼ばれる地域で、昔から「猿」が多いところとして有名でした。このあたりの長江の流れを行き交う船の船乗りたちの間では、こんな歌がうたわれたそうです。

巴東の三峡　巫峡《ふきょう》長し
猿鳴《えんめい》三声　涙　裳《もすそ》を沾《うるお》す

巴東にある三つの峡谷の中でも、巫峡は特に長いのさ。猿の鳴き声を何度も耳にすると、泣けてきて涙で服がぬれてしまうぜ……。温泉につかりながらのんびりしているニホンザルとは、イメージがだいぶ異なるのです。

ちなみに、『広辞苑』によれば、ニホンザルは「オナガザル科」。このサルを「猿」を使って書き表すのは、厳密にいえば日本語独自の用法だということになるのでしょう。

オコジョを漢字で書くことはできるか?

【白鼬】

ここで少し趣向を変えて、雪が似合う動物としてオコジョを取り上げてみましょう。『広辞苑』によれば、オコジョとは「イタチ科の哺乳類。イタチに似るが小さ」いとのこと。「夏毛は背面焦茶色、腹面白色で、冬毛は尾端の黒を残し全身純白」。この純白の冬毛が雪に映えるんですよね。インターネットで見つかるオコジョの写真は、雪を背景としたものが定番となっています。

「おこじょ」という名前については、なんとなく外来語のような響きですが、『広辞苑』には特に注記はありません。ほかの辞書の類いを調べてみても語源ははっきりしないので、昔ながらの日本語なのでしょう。漢字での書き表し方は、『広辞苑』には特には示されていません。ただ、説明の末尾に「ヤマイタチ。エゾイタチ。白鼬。クダギツネ。アーミン」と別名が列挙されていて、その中の「白鼬」がとても気になります。

「鼬」は「いたち」と訓読みする漢字なので、「白鼬」は「しろいたち」と読むことができます。しかし、そうであるならば直前の「ヤマイタチ。エゾイタチ」に合わせてカタカナで書けばいいはずなので、これは「はくゆう」と音読みするものと思われます。しかし、残念ながら、『広辞苑』には「白鼬《はくゆう》」という項目は見あたりません。

音読みとは、昔の中国語が日本語風に変化したものですから、「白鼬」は中国由来のことばかと想像されます。そこで、中国語の辞書を調べてみると、やはりオコジョのことだと書いてありました。『広辞苑』の「白鼬」は、いわゆる漢名として挙げてあるのでしょう。だとすれば、「鶺鴒」と書いて「かいつぶり」と読んだり、「鷦鷯」を「みそさざい」と読むのと同じ理屈で、「白鼬」を「おこじょ」と読むこともできないわけではありません。『広辞苑』がそういう扱いをしていないのは、「白鼬」ということばが中国の古い書物には見られず、日本語でも実際に「おこじょ」と読んで使った例はほとんどないからでしょう。

逆にいえば、使う人が多くなれば、いつかは「白鼬」を「おこじょ」と読む読み方も市民権を得るかもしれません。たとえば「大熊猫」を「ジャイアントパンダ」と読むなんていうのも、もともとはジャイアントパンダを意味する中国語が「大熊猫」だというだけのこと。日本語としてそんな読み方をする歴史があるわけではありません。でも、クイズ番組などでよく取り上げられるので、難読漢字として定着しつつあります。

そうやって、漢字と日本語の歴史の新しい一ページが開かれていくのでしょう。

トナカイと間違えられた動物

【馴鹿・麋】

さて、雪がよく似合う動物といえば、サンタ・クロースが乗ったそりを引いて雪の中を走るトナカイを取り上げないわけにはいかないでしょう。

『広辞苑』でトナカイの項目を見てみると、説明の冒頭に「アイヌ語から」と注記があって、驚いてしまいます。サハリンにはトナカイが生息しているそうなので、アイヌの人々はそれを目にすることがあったのでしょうか。続いて、「シカ科の哺乳類。ニホンジカより大きく、体長二メートル。雌・雄ともに角を持つが、雌の角は小さい」と説明があります。イラスト(右)を見ると、その角の立派さがよくわかります。

漢字での書き表し方は、「馴鹿」。「馴」は「馴《な》らす」と訓読みする漢字で、飼いならすという意味。そこで、「馴鹿《じゅんろく》」とは、文字通りには飼いならされたシカのこと。実際、古い中国の文章には、その意味で「馴鹿」を使った例もあります。

しかし、やがて中国の人々も「シベリアでは家畜化されてもいる」トナカイの存在を、

意識するようになったのでしょう。そこで、飼いならされたシカのような動物というわけで、中国語ではトナカイのことを「馴鹿《シュンルー》」と呼ぶようになったというわけです。

日本語で「馴鹿」と書いて「トナカイ」と読むのは、中国語としての「馴鹿」をアイヌ語由来の日本語に直すと「トナカイ」になるところから。この二文字を「なれしか」と読んでトナカイの呼び名とすることもありますが、漢和辞典以外では「なれしか」ということばはあまり見かけません。

ところで、かつての漢和辞典では、「麋《び》」という漢字に対して「なれしか」という訓読みを付けていることがよくありました。つまり、この漢字はトナカイを表すと考えられていたわけです。しかし、現在では研究が進んで、これはシフゾウのことを指す漢字だとするのが一般的です。

再び『広辞苑』に教えを乞うと、シフゾウとは「シカ科の哺乳類。ニホンジカよりもやや大きく、体長一・五メートルほど」。イラスト(左)を見ると、トナカイとけっこう似ていますよね。

北極圏に近い地域で暮らすトナカイは、中国の人がふつうは出会うことがない動物。一方、シフゾウも「野生のものは絶滅」してしまい、一九世紀になって「北京で飼育されていた個体から繁殖させて復活」という経緯をたどっているので、一般の中国の人が目にすることはなかったはず。この二つがごっちゃになったとしても不思議はありません。

ちなみに、シフゾウを漢字で書くと「四不像」。これについては、「一説に、「頭は馬に似て馬にあらず、蹄は牛に似て牛にあらず、体は驢馬《ろば》に似て驢馬にあらず、角は鹿に似て鹿にあらず」の意味で名づけたという」とのこと。「像」には形を写し取る、つまりは似ているという意味があること、ゾウのところ(一一一ページ)で紹介した通りです。

それにしても、わざわざ四種類もの動物を引っ張り出してきて名前がつけられたシフゾウが、一種類のトナカイと間違えられたというのは、ちょっとした皮肉ですね。

というわけで、お正月から始まった動物の漢字めぐりも、めでたくクリスマスを越えて年末にたどり着きました。ここまでおつき合いいただいたみなさまに感謝しつつ、お開きといたしましょう。

あとがき

本書は、二〇二〇年に岩波書店から刊行していただいた前著『漢字の植物苑——花の名前をたずねてみれば』の続編です。前著同様、同書店発行の雑誌『図書』での連載が元になっています(詳細はviページ)。

私は以前から植物を眺めるのが好きだったので、それが前著執筆の出発点となりました。しかし、動物についてはそれほどの関心を持っていたわけではありません。にもかかわらずこんな本を書こうと考えたのは、幸いにも前著が多くの方々のご支持を賜り、重版の栄に浴したからにほかなりません。つまり、「植物の次は動物だ!」という安易すぎる発想で取りかかったわけですが、その結果、手ひどいしっぺ返しを食らうことになりました。渡り鳥のやってくる季節や、秋の虫の鳴き方など、動物についてなんとなく知っているつもりで実はまったくわかっていなかったことがいかに多いか、思い知らされたのです。

それでも、『広辞苑』の記述に助けられながら、漢字を通じて動物たちの生き方をかいま見たり、人間との関係をひもといたりする作業は、知らないことを知るという、純粋なたのしみにあふれたものでした。残念ながら、新型コロナウイルス感染症の流行により、新しい知識を実地で確認する機会はあまり持てませんでしたが、そう遠くない将来に動物園に出かけるのがたのしみでなりません。読者のみなさんにとっても、この本が動物たちとつき合う際のちょっとしたお供になれば、と願っています。

本書の出版にあたっては、岩波書店第一編集部の猿山直美さんにたいへんお世話になりました。また、前著に引き続いて『広辞苑』に掲載されたイラストの転載を許可してくださったイラストレーターのみなさま、ありがとうございました。加えて、組版・校閲・装丁・印刷・製本・宣伝・販売などなど本書に関わってくださったすべての方々に、心よりお礼を申し上げます。

二〇二一年、青空を鳥たちが渡る秋の日に

円満字二郎

索　引

【ア 行】

【カ 行】

【サ 行】

円満字二郎

1967年，西宮市生まれ．大学卒業後，出版社に勤務，高校国語教科書や漢和辞典などの編集を担当．現在，フリーの編集者兼ライター．

著書に『漢字の植物苑——花の名前をたずねてみれば』『数になりたかった皇帝——漢字と数の物語』『人名用漢字の戦後史』(以上、岩波書店)，『漢字ときあかし辞典』『部首ときあかし辞典』『漢字の使い分けときあかし辞典』『四字熟語ときあかし辞典』(以上、研究社)，『漢和辞典的に申しますと。』(文春文庫)，『雨かんむり漢字読本』(草思社文庫)，『難読漢字の奥義書』(草思社)など多数．

漢字の動物苑——鳥・虫・けものと季節のうつろい

2023年1月17日　第1刷発行
2023年3月15日　第2刷発行

著　者　円満字二郎《えんまんじじろう》

発行者　坂本政謙

発行所　株式会社 岩波書店
〒101-8002 東京都千代田区一ツ橋2-5-5
電話案内 03-5210-4000
https://www.iwanami.co.jp/

印刷・三秀舎　カバー・半七印刷　製本・松岳社

ISBN 978-4-00-061579-2　　Printed in Japan